동화 나라에서 온 한자 박사 1

전학년 한자 따라 쓰며 익히기

동화 나라에서 온 한자 박사 1

글 김용인·배익천 | 그림 박요한·임승현

동화 나라에서 온 한자 박사 1

초판 1쇄 펴낸날 | 2015년 7월 31일

지은이 | 김용인, 배익천
그린이 | 박요한, 임승현
구성 | 편집부
펴낸이 | 양승윤

펴낸곳 | (주)영림카디널
출판등록 | 1987년 12월 8일 제16-117호
주소 | 서울특별시 강남구 강남대로 354 혜천빌딩 (우)135-792
전화 | 02-555-3200
팩스 | 02-552-0436
홈페이지 | www.ylc21.co.kr

Dr. Hanja(Chinese characters) from Wonderland
by Kim Yong-in, Bae Ik-chun
Printed in KOREA

값 12,000원
ISBN 978-89-8401-770-2 73710

「이 도서의 국립중앙도서관 출판시도서목록(CIP)은 e-CIP 홈페이지(www.nl.go.kr/cip.php)에서 이용하실 수 있습니다. (CIP제어번호 : 2015021021)」

알라딘 북스는 (주)영림카디널의 아동 전문 출판 브랜드입니다.

Growing Up as the Need Person in the World

There are seven stories in this book such as The Prize that the Last Won, The Sea Gull, Kkukku, Mittens, and etc. "The Prize that the Last Won", is about a beautiful and deep friendship between Bokmanyi and Sinae. that tells us, we could be blessed if we do something good. The Sea Gull, Kkukku is a moving story how Junho and his dad treat a sea gull, and how a sea gull shows his appreciation to them. Mittens is a story about Gyeodong, who wants to have an mp3, He picks up his friend's mp3 accidently and is caught by his dad, and then his dad tells Gyeodong a story about when he was young then Gyeodong goes to school.

There are lots of Hanja(Chinese characters) which elementary school students should know but are hidden in each story and they learn both the letters and the meanings. That is, after they are aware of the Hanjas, they can learn the proverbs as well as the Chinese characters, and idioms related to each story and topic.

These books set goals to remind children to share and be respectful through learning Hanja and the Chinese character idioms in these seven stories. The children who read these books will grow up with glittering hearts like precious jewels in the world.

머리말

세상에 꼭 필요한
인물로 자라기

'일석이조(一石二鳥)'라는 한자 성어가 있습니다. 사전에는 '돌 한 개를 던져 새 두 마리를 잡는다는 뜻으로, 동시에 두 가지 이득을 봄을 이르는 말'이라고 풀이되어 있습니다.

그런데 이 책을 읽는 어린이는 '일석사조(一石四鳥)', 돌 한 개를 던져 새 네 마리를 잡는다는 뜻으로, 동시에 네 가지 이득을 볼 것입니다.

그 이득의 첫 번째는, 이 책에 실린 창작 단편 동화들을 읽으면서 가족과 이웃 사랑, 우정, 나눔과 배려의 따뜻한 마음을 키울 것입니다. 이 책에는, 서로서로 착한 일을 하면 좋은 일이 생기고 복도 받는다는 복만이와 신애의 아름답고 깊은 우정을 담은 〈꼴찌가 받은 상〉, 다친 데를 치료해 준 아빠와 준호, 치료 받은 갈매기가 서로의 마음을 나누는 가슴 찡한 이야기를 담은 〈갈매기 꾸꾸〉, mp3를 갖고 싶었던 계동이는 우연히 주운 친구 mp3를 집에 가져왔다가 아빠에게 들키고, 그동안 몰랐던 아빠의 젊은 시절 이야기도 듣게 되어 자신의 잘못을 뉘우친다는 〈민벙어리 장갑〉 등, 창작 단편 동화 7편이 실려 있습니다.

그 이득의 두 번째는, 각 창작 단편 동화 본문에 숨어 있는 한자 낱말들을 찾아, 그 한자와 뜻을 익힐 것입니다. 이것들은 초등학교 어린이들이 꼭 알아 두어야 할 한자들입니다.

그 이득의 세 번째는, 각 창작 단편 동화 뒤에서 그 동화 내용과 주제에 맞는 한자 성어를 익힐 것이고, 그 한자 성어가 어떻게 해서 생겨났는지에 대해서도 익힐 것입니다.

　그 이득의 네 번째는, 각 창작 단편 동화 뒤에서 그 동화 내용과 주제에 맞는 속담까지도 함께 익힐 것입니다.

　어린이 여러분, 이 책의 역할은 단순히 동화 나라에서 한자 박사를 만드는 데 있는 게 아닙니다. 각 동화를 읽고 익힌 한자와 한자 성어와 속담을 기초로, 그 위에 동화에 담겨 있는 가족과 이웃 사랑, 우정, 나눔과 배려의 마음을 키우고 실천케 해서, 어린이 여러분 각자의 인성을 높이 키우게 하는 데 있습니다.

　그러니 이 책을 읽은 어린이는 가족과 이웃 사랑, 우정, 나눔과 배려를 생각만 하는 게 아니라 직접 실천해서, 정겹고 행복하면서도 소중한 마음을 키워, 세상에 귀한 보석처럼 반짝이는, 세상에 꼭 필요한 인물로 자랄 것입니다.

2015년
무더운 여름 앞에서

차례

창작 단편 동화

꼴찌가 받은 상 글 김용인 | 그림 박요한 • 10

갈매기 꾸꾸 글 김용인 | 그림 박요한 • 32

도둑 글 김용인 | 그림 박요한 • 50

촘베 아저씨 글 김용인 | 그림 박요한 • 68

민벙어리 장갑 글 배익천 | 그림 임승현 • 86

빨간 우체통 글 배익천 | 그림 임승현 • 104

아버지의 달력 글 배익천 | 그림 임승현 • 124

한자 카드

금란지교(金蘭之交) 꼴찌가 받은 상 • 139

다다익선(多多益善) 갈매기 꾸꾸 • 141

갑남을녀(甲男乙女) 도둑 • 143

명약관화(明若觀火) 촘베 아저씨 • 145

부자유친(父子有親) 민벙어리 장갑 • 147

이심전심(以心傳心) 빨간 우체통 • 149

오대동당(五代同堂) 아버지의 달력 • 151

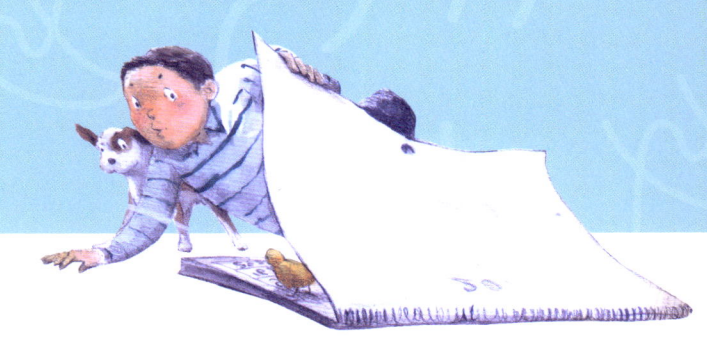

꼴찌가 받은 상

밤새 내린 눈이 운동장을 하얀 꽃밭으로 만들었습니다. 나뭇가지에도 흰 눈이 소복하게 쌓였습니다.

교실로 들어가느라 남겨 놓은 발자국은 운동장에 촘촘히 하얀 꽃길을 만들었습니다.

"하나 둘, 하나 둘, 하나 둘 셋 넷……."

하얀 꽃밭을 가로지르는 목소리는 바람에 실려 느티나무 가지를 흔들어 댔습니다. 가지에서 쉬고 있던 참새들이 화들짝 놀라 포롱 포로롱 날아갔습니다. 느티나무 가지에 쌓인 눈도 꽃잎처럼 흩어졌습니다.

"하나 둘, 하나 둘, 하나 둘 셋 넷……."

복만이는 구령을 붙이면서 운동장 가장자리를 빙빙 돌며 뛰었습니다.

한자 익히기

口令 구령	여러 사람이 일정한 동작을 일제히 취하도록 하기 위해 지휘자가 말로 내리는 간단한 명령.

口	令			
입 구	하여금 령(영)	口令	口令	口令

"이게 열 바퀴째니까, 이제 두 바퀴 남았다."

하나 둘, 하나 둘, 구령을 붙일 때마다 코와 입에서 하얀 김이 풀풀 쏟아져 나왔습니다.

운동장 열두 바퀴를 모두 돌고 숨을 헐떡이며 온 복만에게 키가 큰 담임 선생님이 말했습니다.

"너, 숙제를 안 해 올 때마다 운동장 한 바퀴씩 더 도는 거다. 명심해!"

"네. 다음에 숙제를 안 해 오면 열세 바퀴를 뛰어야 한다는 말씀이잖아요, 헉헉……."

"그렇게 잘 아는 녀석이 왜 숙제를 안 해 오는 거야. 추운 날 운동장 돌기가 힘들지도 않냐?"

"춥지 않고 더워요. 이렇게 땀이 나는걸요."

팔짱을 낀 담임 선생님 앞에서 복만이가 숨을 가쁘게 몰아쉬었습니다.

"복만아, 숙제를 잘 하려면 무엇부터 해야 할까?"

"구구단을 모두 외워야지요."

뒷머리를 벅벅 긁으면서 복만이가 말했습니다.

"그래, 그럼 구구단 다 외울 수 있겠니?"

"그럼요, 모두 외워야지요."

한자 익히기

| 擔任 담임 | 어떤 학급이나 학년 등을 책임지고 맡아봄. 또는 그런 사람. |

擔	任			
멜 담	맡길 임 (맞을 임)			

"녀석, 말이라도 시원스럽게 하니 다행이다."

"제가 해야 할 일인걸요."

"그렇고말고, 네가 꼭 해야 할 일이지."

선생님은 복만이 어깨를 툭툭 쳤습니다. 그리고 함께 교실로 갔습니다.

"자, 모두 조용! 다음 주에 서울특별시에서 개최하는 백일장이 열리는데, 참가하고 싶은 사람은 손들어 보렴."

웅성거리던 아이들이 갑자기 조용해졌습니다.

"희망자 없으면 선생님 마음대로 뽑을 거야."

아이들은 서로 얼굴만 바라볼 뿐 누구도 선뜻 손들지 않았습니다.

"그럼, 지금부터 이름을 부르는 사람은 무조건 백일장에 나가는 거다."

선생님은 반 아이들을 쭉 한번 둘러보더니 이름을 불렀습니다.

"초롱이, 하영이, 신애 세 사람이 우리 반 대표로 백일장에 나가는 걸로 하자. 이의 있는 사람?"

궁금증이 많은 진수가 손을 들었습니다.

"진수, 말해 봐."

"선생님, 그런데 왜 다 여자예요?"

"그럼, 진수 너도 나갈래?"

"아 아니요, 저는 백일장 같은 것엔 취미가 없어요."

아이들이 또 웅성거렸습니다.

한자 익히기

開催 개최 — 모임이나 회의 등을 주최해 엶.

開	催	開催	開催	開催	開催
열 개 (평평할 견)	재촉할 최				

"초롱이는 지난번 백일장에서 상을 탔잖아."

"신애도 몸은 불편하지만 글은 잘 쓰지……."

"하영이는 책을 많이 읽으니까 잘 할 거야."

백일장에 나갈 친구들 이야기로 교실은 다시 시끌시끌해졌습니다.

"선생님, 저도 백일장에 나갈래요."

복만이가 벌떡 일어서더니 큰 소리로 말했습니다.

아이들이 모두 복만이를 바라보았습니다. 복만이를 보며 고개를 흔들기도 하고, 한숨을 쉬기도 했습니다. 킥킥거리며 웃기도 했습니다.

"복만아, 지금 뭐라고 했니?"

선생님은 복만이 쪽으로 갔습니다.

"선생님, 저도 백일장에 나가고 싶어요."

"복만이 네가 백일장에?"

"네, 꼭 나가게 해 주세요."

선생님은 복만이의 짧은 머리를 쓱쓱 쓰다듬으면서 말했습니다.

"복만아, 백일장에 나가는 건 어렵지 않지만, 반 **대표**로 나가서 잘 할 자신이 있니?"

"네, 자신 있어요, 선생님."

"하지만 복만아, 넌 아직 한글도 다 깨치지 못했잖니?"

"하지만 선생님……."

한자 익히기

代表 대표	전체의 상태나 성질을 어느 하나로 잘 나타냄. 또는 그런 것.

代	表				
대신할 대	겉 표 (시계 표)	代表	代表	代表	代表

복만이는 머리를 긁적이면서 계속 **고집**을 부렸습니다.

"제가 아는 글자만 쓰면 되잖아요."

복만이 말에 교실은 웃음바다로 변했습니다.

"그런데 복만아, 백일장엔 왜 나가려고 하는 거니?"

고개를 갸우뚱한 선생님이 묻자 복만이는 기다렸다는 듯이 대답했습니다.

"엄마 때문에요."

"엄마?"

"백일장에 나가 상을 타서, 아픈 엄마를 기쁘게 해 드리고 싶어요."

"복만이가 어머니께 효도를 하고 싶어서 그러는구나."

"네. 엄마는 제가 상 타는 것을 한 번이라도 봤으면 좋겠다고 하셨어요."

"그랬구나!"

복만이 말에 선생님은 놀랐습니다. 3학년이 되도록 한글도 깨치지 못하고 구구단도 못 외운다며 놀림을 받던 복만이가 한 생각이 너무 기특했던 것입니다. 선생님은 잠시 무언가를 생각하더니 조용히 말했습니다.

"얘들아, 복만이 어머니의 빠른 회복을 바라는 뜻에서, 복만이도 백일장에 나가는 게 어떨까?"

"네, 선생님."

"좋아요, 선생님!"

한자 익히기

| 固執 고집 | 자기의 의견을 바꾸거나 고치지 않고 굳게 버팀. 또는 그렇게 버티는 성미. |

固	執	固執	固執	固執	固執
굳을 **고**	잡을 **집**				

"와, 복만이 파이팅!"

아이들의 환호와 박수 소리가 교실을 가득 메웠습니다.

복만이는 초롱이, 하영이, 신애와 함께 반 대표로 백일장에 나가게 되었습니다.

'이제 내일이면 나도 백일장에 나간다!'

복만이는 가슴이 설레어 잠도 잘 오지 않았습니다.

아침이 되자 복만이는 제 손으로 도시락 준비도 하고, 마실 물도 병에 담았습니다.

"소풍 가니?"

허둥대는 복만이를 보던 누나가 물었습니다.

"나 오늘 백일장에 나가."

"뭐? 네가 백일장에 나간다고?"

"그래, 우리 반 대표로 나가."

"대표 좋아하시네. 허구한 날 꼴찌만 하는 주제에 백일장은 무슨 백일장이야?"

"그러지 마. 나도 잘 할 자신이 있어."

"오늘은 해가 서쪽에서 뜨려나 보다. 이런 신기한 일도 다 있고."

누나가 무슨 말을 하든 복만이는 더 이상 대꾸하지 않고 집을 나섰습니다.

복만이는 신애와 백일장에 함께 가려고 신애네 집으로 갔습니다.

한자 익히기

| 逍風 소풍 | 학교에서, 자연 관찰이나 역사 유적 등의 견학을 겸해 야외로 갔다 오는 일. |

逍	風				
노닐 **소**	바람 **풍**				

"신애야! 신애야!"

복만이 목소리는 덩치만큼이나 컸습니다.

"복만이 왔구나. 백일장 안 가고 우리 집엔 웬일이야?"

휠체어에 앉아 있던 신애가 복만이를 보자 환하게 웃었습니다.

"갈 준비 다 했어?"

"응, 그게 말이야……."

신애의 말끝이 힘없이 내려앉았습니다.

"왜, 무슨 일 있니?"

신애는 복만이에게 손을 내밀었습니다.

"뭐야, 갑자기 악수를 청하고."

엉겁결에 손을 잡은 복만이는 신애 얼굴을 빤히 보았습니다.

"복만아, 백일장에 가서 잘 하고 와. 상 타는 게 중요한 것이 아니고, 최선을 다하는 게 중요하다고 선생님이 그러셨잖아."

"왜 그래? 너 무슨 일 있는 거지?"

"응, 난 백일장에 나가지 않을 거야."

"왜? 대체 무슨 일인데?"

"난 먼 거리는 혼자 못 가잖아. 누구 한 사람이 같이 가야 하는데 우리 **식구**는 바빠서 아무도 같이 갈 수가 없어."

신애는 복만이와 눈을 마주치지 않으려고 고개를 돌렸습니다.

한자 익히기

食口 식구	한집에서 함께 살면서 끼니를 같이하는 사람.

食	口	食口	食口	食口	食口
먹을 식	입 구				

"그래도 선생님이 특별히 학급 대표로 뽑으셨는데 참가해야지. 넌 책도 많이 읽고 글도 잘 쓰잖아."

"글을 잘 쓰면 뭐 하니. 갈 수가 없는데……."

"네가 안 가면 나도 안 갈래."

"복만아, 넌 선생님과 우리 반 친구들 또 너희 엄마를 위해서라도 꼭 가야 하잖아."

"그렇긴 하지만……. 그래도 난 네가 안 가면 안 가."

"그러면 안 돼. 너희 엄마가 실망하실 텐데, 그래도 정말 괜찮니?"

"우리 엄만 내가 상 타는 것에는 관심도 없을 거야. 아무튼 난 네가 안 가면 절대로 가지 않을 거야."

"뭐라고? 그럼 선생님께 거짓말을 했단 말이야?"

복만이는 고집을 피웠습니다.

"생각해 봐. 우리 엄마가 바보야?"

신애는 복만이의 큰 눈을 뚫어질 듯 보았습니다.

"그건 또 무슨 소리야?"

"구구단도 못 외우고 국어책도 못 읽는 내가 설마 상을 타리라 생각하겠어?"

한자 익히기

| 學級 학급 | 한 교실에서 공부하는 학생의 단위 집단. |

| 學 배울 학 | 級 등급 급 | 學級 | 學級 | 學級 | 學級 |

옥신각신하던 복만이와 신애는 결국 함께 백일장이 열리는 남산으로 갔습니다. 신애가 탄 휠체어를 밀고 가는 복만이 이마에는 구슬땀이 흘렀습니다.

"신애야, 휠체어를 미는 게 이렇게 재미있는 줄은 정말 몰랐어."

복만이는 흥이 났습니다.

"복만아, 정말 고마워. 그리고 너무 미안해."

"미안하긴. 난 정말 즐거운데."

"네가 우리 집에 오지 않았다면 난 백일장에 갈 수 없었을 거야. 내가 만약 상을 탄다면 말이야, 그건 모두 다 네 덕분이야."

"그런 말 하지 마. 난 너하고 같이 가는 게 너무 좋아."

신애와 복만이가 즐겁게 이야기를 하는 동안에 버스가 세 대나 지나갔습니다. 하지만 신애가 탈 수 있는 버스는 오지 않았습니다.

"버스가 왜 이렇게 안 오지? 이러다 늦겠어."

복만이는 마음이 조급해지기 시작했습니다.

"내가 타는 버스는 운행 시간이 일정하지가 않아서 한 시간을 기다릴 때도 있어."

한참이 지나서야 장애인용 표시가 붙은 버스가 정류장에 섰습니다.

"신애야. 왔다, 왔어!"

버스의 문이 열리고 복만이는 신애가 탄 휠체어를 밀어 올려 버스에 태웠습니다.

한자 익히기

| 南山 남산 | 서울특별시 중구와 용산구 사이에 있는 산. |

南	山	南山	南山	南山	南山
남녘 **남** (나무 **나**)	뫼 **산**				

"복만아, 저기."

"으응."

신애가 가리킨 곳에 휠체어 고정 장치가 있었습니다. 복만이는 신애가 탄 휠체어를 이동시켜 고정시켰습니다.

복만이는 점점 마음이 급해졌습니다.

남산에 도착한 복만이와 신애는 휠체어를 쉽게 밀고 올라갈 수 있는 길을 찾았습니다.

"복만아, 저 표시를 보니까 한쪽은 계단이고 한쪽은 비탈길이야. 계단으로는 갈 수 없고 비탈길로 가야 하는데, 비탈길도 힘들겠어."

"그러게……."

복만이와 신애가 망설이고 있는데, 가슴에 '안내' 리본을 단 아저씨가 다가왔습니다.

"뭘 도와줄까?"

아저씨를 본 복만이의 눈이 반짝하고 빛났습니다.

"아저씨, 백일장이 열리는 곳까지만 휠체어를 좀 들어 주실 수 있으세요?"

"휠체어를 들라고?"

"네, 부탁드릴게요."

복만이는 아저씨에게 자세히 대답할 시간이 없었습니다. 그리고 어리둥절해하는 신애에게 등을 보이며 쭈그려 앉았습니다.

한자 익히기

案内 안내	사정을 잘 모르는 어떤 사람을 가고자 하는 곳까지 데려다주거나 그에게 여러 가지 사정을 알려 줌.
案 인도할 안 / 内 안 내 (들일 납)	案内 案内 案内 案内

"업혀!"

"뭐 하는 거야?"

"시간이 없어. 휠체어 타고는 못 들어가."

망설이던 신애가 어쩔 수 없이 넓은 복만이 등에 업혔습니다. 덩치가 큰 복만이는 힘도 장사였습니다.

"미안해. 정말 난 이럴 생각이 아니었어."

"괜찮아. 백일장에 나가는 너를 위해 꼭 이렇게 해 주고 싶었어."

신애를 업은 복만이는 식식거리며 뛰기 시작했습니다.

"복만아, 고마워! 아저씨, 감사합니다!"

대회장 입구에서 아저씨가 말했습니다.

"다 왔다. 자, 휠체어 받아라."

복만이는 신애를 휠체어에 내려 주었습니다.

"고맙습니다, 아저씨."

"글짓기 잘들 하거라."

대회장으로 들어선 신애가 환하게 웃었습니다. 그리고 땀을 닦는 복만이 손을 꼭 잡았습니다.

"네가 업고 뛰지 않았으면 늦었을 거야."

복만이는 고개를 절레절레 흔들었습니다.

"신애야, 네가 꼭 **장원**해야 해."

한자 익히기

| 壯元 장원 | 과거에서, 갑과에 첫째로 급제함. 또는 그런 사람. 또는 글을 제일 잘 지어 성적이 첫째임. 또는 그런 사람. |

壯	元
장할 **장**	으뜸 **원**

壯元　壯元　壯元　壯元

"복만아, 나도 네가 장원하도록 빌게."

복만이가 피식 웃었습니다.

백일장을 다녀온 뒤부터 복만이는 학교에 갈 때에도, 집에 올 때에도 신애 휠체어를 밀며 함께 다녔습니다.

며칠 뒤, 학교로 상장이 도착했습니다.

담임 선생님은 우리 학교에 수상자가 있는데 아직 누군지 모른다고 했습니다. 학교에 여러 가지 소문이 퍼졌습니다. 지난번 백일장에서 상을 탄 초롱이가 또 상을 탈 거라는 소문이 가장 많았습니다.

소문을 들은 복만이가 신애 곁으로 다가갔습니다.

"신애야, 나는 네가 꼭 상을 받게 해 달라고 매일매일 기도했어."

"내가 만약 상을 탄다면 복만이 네가 업어 준 덕분이겠다, 그치?"

신애는 환한 웃음으로 고마운 마음을 전했습니다.

몸이 불편해서 휠체어에 앉아 있지만, 신애 모습은 무척 행복해 보였습니다.

"복만아, 나는 네가 상을 꼭 탔으면 좋겠어……."

"그건 말도 안 되는 소리야. 나는 내 이름밖엔 아무것도 쓰지 않고 그냥 **백지**로 냈어."

"설마, 백지를 냈겠어?"

"정말이야. 아무것도 쓰지 못했어."

월요일 아침, 전체 조회가 열렸습니다.

한자 익히기

白紙 백지	아무것도 적지 않은 비어 있는 종이.

白	紙	白紙	白紙	白紙	白紙
흰 **백**	종이 **지**				

눈이 다 녹지 않은 운동장에 전교생이 모두 모였습니다.

교장 선생님은 훈화를 끝내고 백일장에 대한 이야기를 했습니다.

"남산에서 열렸던 서울특별시 백일장에 우리 학교 학생 서른다섯 명이 참가했습니다. 그중에 한 학생이 상을 받게 되었습니다."

운동장에 모인 학생들은 모두 숨을 죽이고 수상자 이름을 기다렸습니다.

"이번 백일장에서 우리 학교 학생이 장원보다 더 큰 상을 받게 되었습니다. 특별히 심사 위원들이 모여 협의한 결과 만장일치로 특별상을 주기로 결정하게 된 것입니다. 이건 아주 큰 상입니다."

운동장에 모인 학생들이 갑자기 웅성거렸습니다.

"초롱일 거야."

"아냐, 하영이가 가장 먼저 써 냈다는데."

"아냐, 신애가 가장 잘 썼대."

"조용, 조용하세요."

교장 선생님 말에 다시 조용해졌습니다.

"그럼, 발표하겠습니다. 특별상 수상자는 삼 학년 일 반 김복만!"

학생들은 또다시 웅성거렸습니다.

"뭐야, 이건 웬 웃기는 자장면?"

"세상에, 국어책도 똑바로 못 읽는 애가 상이라니."

"누가 아니래? 그것도 백일장에서 말이야."

한자 익히기

| 訓話 훈화 | 교훈이나 훈시를 함. 또는 그런 말. |

訓	話	訓話	訓話	訓話	訓話
가르칠 훈 (길 순)	말씀 화				

신애의 휠체어 손잡이를 잡고 서 있던 복만이는 어안이 벙벙했습니다.

"이건 정말 말도 안 돼. 뭔가 잘못된 거야!"

"복만아, 축하해!"

신애는 복만이를 돌아보고 활짝 웃었습니다.

"김복만, 어서 앞으로 나오세요."

운동장에 모여 있는 학생들은 다들 기가 막혔습니다.

복만이가 시상대 앞에 서자 교장 선생님은 복만이의 상에 대해 설명해 주었습니다. 아이들은 그제야 고개를 끄덕이며 우렁찬 축하 박수를 쳐 주었습니다.

"짝짝짝……."

신애가 백일장에 낸 글은 친구인 복만이의 깊고 고마운 마음을 심사 위원 선생님들에게 전했던 것입니다.

"신애야, 왜 그랬어?"

"넌, 나를 위해 더 큰 걸 해 주었잖아."

"난 널 도울 수 있는 게 없을까 해서 함께 백일장에 간 것뿐인데, 이런 큰 상을 받다니 너무 쑥스럽다."

복만이가 멋쩍게 웃으며 뒷머리를 긁적였습니다.

한자 익히기

祝賀 축하	남의 좋은 일을 기뻐하고 즐거워한다는 뜻으로 인사함. 또는 그런 인사.

祝	賀	祝賀	祝賀	祝賀	祝賀
빌 축 (저주할 주)	하례할 하				

한자 성어와 속담 익히기

'금란지교(金蘭之交)'란 황금 같이 단단하고 난초 향기처럼 아름다운 사귐이라는 뜻입니다. 두 사람 사이에 서로 마음이 맞고 서로 사귀는 정이 두터워서 아무리 어려운 일이라도 헤쳐 나갈 만큼 우정이 매우 깊은 사귐을 이르는 말입니다.

〈꼴찌가 받은 상〉에 담긴 교훈

서로서로 착한 일을 하면 좋은 일이 생기고 복도 받는다고 하잖아요?
그래요, 복만이와 신애처럼 아름답고 깊은 우정을 '금란지교'라고 합니다.
이런 친구가 있다면 그 사람은 인생에 성공한 사람입니다. 많은 사람들과 어울려 살아가면서 한 사람이라도 '내 편'이 있다는 건 정말 큰 힘이 될 것입니다. "친구는 옛 친구가 좋고 옷은 새 옷이 좋다"는 속담은, 친구는 오래 사귄 친구일수록 정이 두텁고 깊어서 좋다는 말이니까, 마음 깊은 곳에 새겨 두는 게 좋겠습니다.

❋ **같은 뜻을 가진 한자 성어**

지란지교(芝蘭之交)

지초(芝草)와 난초 같은 향기로운 사귐이라는 뜻으로, 벗 사이의 맑고도 고귀한 사귐을 이르는 말입니다.

❋ **반대 뜻을 가진 한자 성어**

시도지교(市道之交)

시장과 길거리에서 이루어지는 사귐이라는 뜻으로, 오직 이익만을 위하는 시장 장사꾼과 같은 사귐을 이르는 말입니다.

'금란지교'에 담긴 이야기

두 가지 이야기가 전해져 내려오고 있습니다.
그중 하나는 《역경(易經)》〈계사상전(繫辭上傳)〉에 나오는 말입니다.
"군자의 도는 세상에 나아가 벼슬을 하고, 세상에서 물러나 집에 머물기도 하며, 침묵을 지키지만, 크게 말하기도 한다. 두 사람이 마음을 합하면 그 날카로움은 쇠도 끊고, 두 사람이 마음을 합한 말은 그 향기가 난초와도 같다"고 해서 '금란지교'라 했습니다.

또 하나는 《금란부(金蘭簿)》에서 나온 말이라고도 합니다.
중국 당나라에 대홍정(戴洪正)이라는 사람이 살았습니다.
그는 절친한 친구를 얻을 때마다 이름을 장부에 기록하고 향을 피워 조상에게 알렸습니다.
그가 그 장부를 《금란부》라 이름 붙인 데서, '금란지교'라는 말이 전해져 내려오고 있다고 합니다.

나에게는 한평생을 살아가면서 어려움을 늘 함께할 수 있는 금란지교의 친구가 과연 몇 명이나 될까요?

金

쇠(황금) 금, 성씨 김

부수: 쇠(황금) 금(金, 8획)

흙 속에 묻혀 있는 쇠붙이 모습을 본뜬 글자로, '쇠'라는 뜻을 나타냄. '황금'이라는 뜻으로도 씀. '성'으로 쓸 때는 '김'으로 읽음.

한자어
- 金品(금품): 돈과 물품.
- 料金(요금): 대가로 치르는 돈.

1단계 획순 따라 한자 쓰기

획순(총 8획)	ノ 人 人 仐 仐 余 余 金
金 쇠(황금) 금, 성씨 김	金 金 金 金 金 金 金 金

2단계 훈(새김, 뜻)과 음(소리) 함께 쓰기

金	金	金	金	金

쇠(황금) **금**, 성씨 **김**

3단계 스스로 써 보기

金				

蘭
난초 란(난)

부수: 초두머리(艹, 4획)

뜻을 나타내는 초두머리[艹(=艸): 풀, 풀의 싹]와 음(音)을 나타내는 란(闌)이 합해진 글자로, '난초'라는 뜻을 나타냄.

한자어
- 蘭客(난객): 좋은 벗.
- 蘭草(난초): 난초과 식물을 통틀어 이르는 말.

1단계 획순 따라 한자 쓰기

획순(총 21획)	一 十 艹 扩 芦 芦 芦 芦 門 門 閈 閈 蕑 蕑 蕑 蘭 蘭 蘭
蘭 난초 란(난)	

2단계 훈(새김, 뜻)과 음(소리) 함께 쓰기

| 난초 란(난) | | | | |

3단계 스스로 써 보기

之
갈 지

부수: 삐침별(丿, 1획)

땅에서 풀이 자라는 모습을 본뜬 글자로, '가다'라는 뜻을 나타냄. 음을 빌어 대명사(代名詞), 어조사(語助辭)로도 씀.

한자어
- 當之者(당지자): 그 일에 당한 사람.
- 之子(지자): 이 아이.

1단계 획순 따라 한자 쓰기

획순(총 4획)	丶 亠 ㇇ 之			
之 갈 지	之	之	之	之
	之	之	之	之

2단계 훈(새김, 뜻)과 음(소리) 함께 쓰기

之	之	之	之	之
갈 지				

3단계 스스로 써 보기

之				

부수: 돼지해머리(亠, 2획)

사람이 다리를 교차되게 앉은 모양을 본뜬 글자로, 편하게 앉아 서로 '사귀다'라는 뜻을 나타냄.

한자어
- 交情(교정): 서로 사귀는 정분.
- 蘭交(난교): 난 향기 같은 아름다운 사귐.

1단계 획순 따라 한자 쓰기

획순(총 6획)	丶 一 亠 六 交 交
交 사귈 교	

2단계 훈(새김, 뜻)과 음(소리) 함께 쓰기

| 사귈 교 | | | | | |

3단계 스스로 써 보기

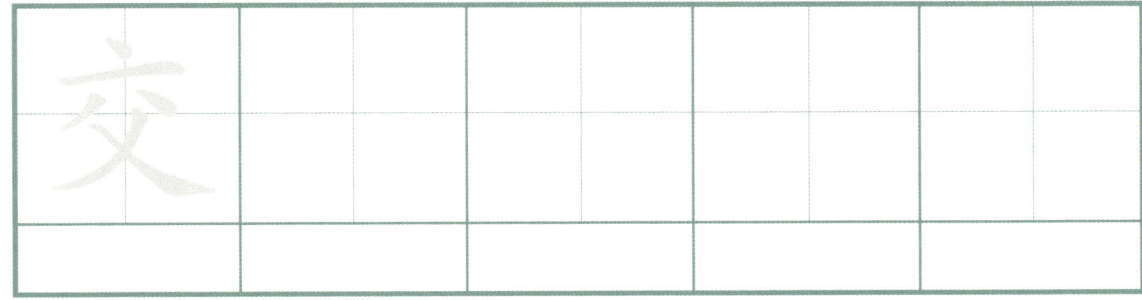

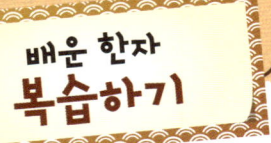

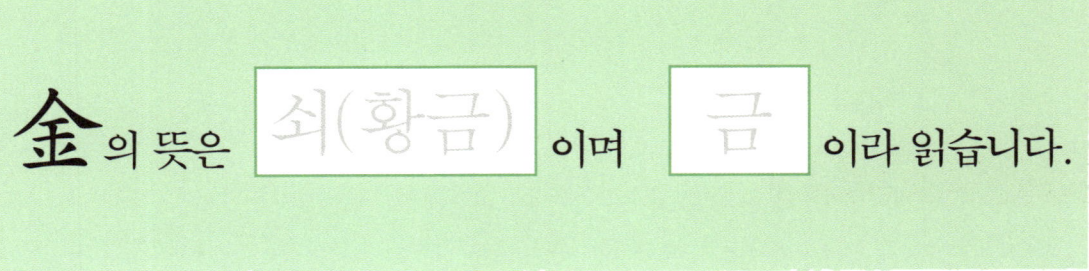

金 의 뜻은 쇠(황금) 이며 금 이라 읽습니다.

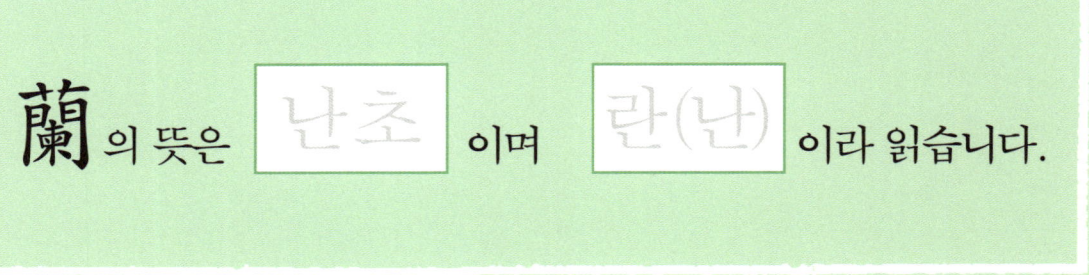

蘭 의 뜻은 난초 이며 란(난) 이라 읽습니다.

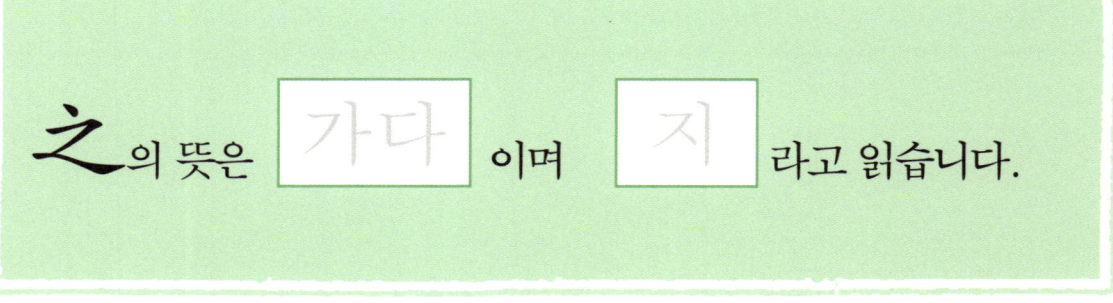

之 의 뜻은 가다 이며 지 라고 읽습니다.

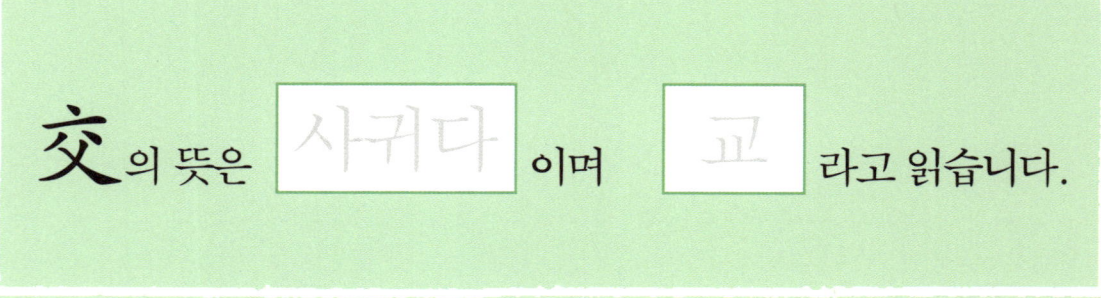

交 의 뜻은 사귀다 이며 교 라고 읽습니다.

창의 쑥쑥 문장 만들기

예문) 신애 아빠와 복만이 아빠는 초등학교에서 짝꿍으로 만나 **금란지교**를 맺고 아직도 한 형제처럼 지내고 있습니다.

짧은 글 짓기

짧은 글 짓기

긴 문장 만들기

❀ '금란지교'에 대한 '한자 카드'는 139쪽에 있습니다.

갈매기 꾸꾸

이른 새벽, 준호 아빠가 고기잡이 나갈 준비를 했습니다.

아빠가 고기잡이 나갈 때면 준호는 꾸꾸와 같이 아빠를 배웅했습니다. 그런데 오늘 꾸꾸는 아빠를 따라가려는 듯 뱃머리에 앉아 기다리고 있었습니다.

채비를 마친 준호 아빠가 배 시동을 걸었습니다.

"아빤 내일 저녁때쯤 돌아올 게다."

준호가 **대답** 대신에 키득키득 웃자, 아빠가 물었습니다.

"뭐가 그리 좋으냐?"

"아빠, 포구로 돌아올 때 깃발을 열두 개 올리고 와야 해. 폼 나게, 알았지?"

준호네 마을 사람들은 잡은 물고기를 가득 싣고 돌아올 때마다 빨강, 파랑, 노랑 등 색색의 깃발 열 개를 높이 올리고 돌아왔습니다.

한자 익히기		
對答 대답	부르는 말에 응해 어떤 말을 함. 상대가 묻거나 요구하는 것에 대해 해답이나 제 뜻을 말함.	
對 대할 대	答 대답 답	對答 對答 對答 對答

"깃발을 열두 개씩이나 올릴 만큼 고기를 많이 잡으면, 이 배가 가라앉고 말 텐데?"

"전에 창수 아빠가 깃발 다섯 개만 올리고 돌아오는 걸 보니까 폼이 안 나더라고."

"오케이, 폼 나도록 깃발을 잔뜩 올리고 올게. 엄마 말 잘 듣고!"

"네, 선장님!"

아빠에게 **경례**를 한 준호가 한쪽 눈을 찡긋했습니다. 아빠도 한쪽 눈을 찡긋했습니다. 꾸꾸는 배 위를 빙빙 날면서 그 모습을 지켜보았습니다.

"통통 통통통……."

고깃배가 포구를 막 벗어나자, 준호는 멀어지는 고깃배를 향해 손을 흔들었습니다. 꾸꾸는 고깃배 위를 빙빙 돌면서 준호에게 인사를 했습니다.

그리고 며칠이 지났습니다.

다음날 돌아오겠다고 바다로 나간 아빠는 아직도 돌아오지 않았습니다.

"한 밤만 자면 온다고 했잖아. 근데 벌써 다섯 밤이 지났어. 아빠, 왜 안 와."

포구에 나와 발을 동동 구르던 준호가 중얼거렸습니다. 어둡게 내려앉은 하늘이 몰고 온 바람은 준호 온몸을 감싸고 지나갔습니다.

"아빠, 폼 안 나도 좋고, 빈 배로 와도 좋으니까 빨리 돌아와."

준호는 손나팔을 만들어 힘껏 외쳤습니다. 준호의 외침은 파도 소리에 묻혀 어디론가 흘러갔습니다.

한자 익히기

敬禮 경례 — 공경의 뜻을 나타내기 위해 인사하는 일.

敬	禮
공경 **경**	예도 **례(예)**

敬禮　敬禮　敬禮　敬禮

어깨를 축 늘어뜨리고 터벅터벅 집에 돌아온 준호에게 엄마가 말했습니다.

"준호야, 꾸꾸가 돌아왔구나."

엄마 목소리에는 기쁨과 슬픔이 반반씩 섞여 있었습니다. 순간 준호 얼굴이 환해지고 목소리가 커졌습니다.

"꾸꾸가 돌아왔으면……. 아빠! 아빠는?"

"꾸꾸 혼자만 왔어. 어서 포구로 나가 보자."

"지금 포구에서 오는 길인데?"

"그래도 다시 가 보자."

준호와 엄마는 서둘러 포구로 나갔습니다.

바람이 세게 불고 파도가 점점 높아져 포구에 사람은 아무도 없었습니다.

한참을 기다렸지만, 아빠가 탄 배는 보이지 않았습니다.

"엄마, 꾸꾸는 돌아왔잖아. 그런데 아빤 왜 안 오는 거야, 응?"

"……."

준호 엄마는 대답 대신 옷소매로 눈물을 닦았습니다.

몇 달 전이었습니다. 갯벌에서 준호와 아빠는 조개를 잡고 있었습니다.

한자 익히기

浦口 포구	배가 드나드는 개의 어귀. 개는 강이나 내에 바닷물이 드나드는 곳이다.
浦 口 개 포 　입 구	浦口　浦口　浦口　浦口

"아빠, 아빠. 저기, 저기 좀 봐!"

"아니, 저건?"

준호가 갯벌에 묻혀 있는 갈매기를 본 것입니다. 준호와 아빠는 성큼성큼 갈매기 쪽으로 갔습니다.

"자, 어디 보자."

아빠는 갈매기를 조심조심 갯벌에서 들어냈습니다.

"아직 죽지는 않았는데……."

갈매기를 살피던 아빠가 고개를 갸우뚱했습니다.

"왜 아빠?"

"부리가 반쯤 부서졌구나. 이런 건 처음 보는데……."

아빠 품에 안긴 갈매기는 몇 번 푸득거리다 힘없이 축 늘어졌습니다.

아빠와 준호는 정성스럽게 갈매기를 치료해 주었습니다. 다친 날개와 다리는 다 나았지만, 부서진 부리는 고칠 수가 없었습니다.

"앞으로 얘는 스스로 먹이를 먹지 못하겠구나. 부리가 부서졌으니 물고기를 잡아도 쪼아 먹을 수 없을 거야."

"그럼 어떡해?"

"우리랑 같이 살면 되잖아. 우리가 먹이를 잘게 잘라서 먹여 주는 거야. 어때? 아빠 생각이?"

"역시 울 아빠가 최고야!"

한자 익히기		
精誠 정성		온갖 힘을 다하려는 참되고 성실한 마음.
精 정할 정 (찧을 정)	誠 정성 성	精誠　精誠　精誠　精誠

갈매기를 집에서 키운다는 것만으로도 준호는 무척 기뻤습니다. 준호는 갈매기에게 '꾸꾸'라는 이름을 지어 주었습니다.

이제 꾸꾸는 먹이를 혼자 먹지 못하는 것 말고는 다른 갈매기들과 다르지 않았습니다. 꾸꾸는 아빠가 고기잡이를 나갈 때면 뱃머리에 앉아 바람의 **방향**을 잡기도 했습니다.

준호는 지쳐 보이는 꾸꾸에게 싱싱한 물고기를 잘게 잘라 먹였습니다. 그러자 조금씩 힘을 차린 꾸꾸가 파닥파닥 날갯짓을 했습니다. 그리고 뒤뜰로 날아갔습니다.

"어어, 어디 가니 꾸꾸야!"

준호가 재빨리 따라갔습니다.

꾸꾸는 준호 엄마가 정성스럽게 말리고 있는 생선을 물고 어디론가 날아가더니, 다시 돌아와 몇 번을 그렇게 왔다 갔다 했습니다.

날이 어두워지고 밤이 깊었는데도 꾸꾸는 돌아오지 않았습니다.

"어딜 간 걸까? 몸도 성치 않은데……."

준호 엄마는 고개를 갸우뚱했습니다. 문득 불길한 생각도 들었습니다.

아침 일찍 날아온 꾸꾸는 준호 엄마가 말리는 생선을 또 물고 날아갔습니다.

한자 익히기

| 方向 방향 | 어떤 방위(方位)를 향한 쪽. |

方	向
모 **방** (본뜰 **방**)	향할 **향**

方向　方向　方向　方向

"준호야, 꾸꾸가 어디로 날아가는지 잘 살펴봐라!"
"아까부터 보고 있는데, 알 수가 없어."
"꾸꾸는 바람을 잘 타잖니. 그러니까 가는 방향을 자세히 살펴봐!"

엄마는 안절부절못하고 마당에서 발만 동동 굴렀습니다. 목소리도 떨렸습니다.

"참, 준호야. 꾸꾸는 마른 **생선**은 안 먹잖아, 그치?"
"응. 맞아, 엄마!"

엄마는 무엇인가 집히는 게 있는 것 같았습니다.

"준호야, 꾸꾸가 다시 오면 마른 생선을 많이 물고 갈 수 있도록 도와줘, 알았지?"
"왜?"
"서둘러. 어서!"

엄마는 후닥닥 뒤뜰로 뛰어갔습니다. 그리고 꾸꾸가 물기 편하도록 생선을 뒤집어 놓았습니다. 꾸꾸는 오늘도 집을 오가며 몇 번이나 생선을 물어 갔습니다.

다시 집에 돌아온 꾸꾸는 생선을 물더니 준호 주위를 한 번 빙 맴돌고 날

한자 익히기

生鮮 생선	물고기. 먹기 위해 잡은 신선한 물고기.

生	鮮	生鮮	生鮮	生鮮	生鮮
날 생	생선 선 (고울 선)				

아갔습니다. 준호는 꾸꾸가 날아가는 방향을 놓치지 않으려고 힘껏 꾸꾸를 따라 뛰었습니다.

"꾸꾸가 날아가는 데는 초도야!"

준호는 꾸꾸가 바람을 타고 날아가는 방향을 알았습니다. 오른쪽으로 날아오른 뒤에 왼쪽으로 나는 꾸꾸의 **습관**을 준호는 알고 있었습니다.

집으로 뛰어온 준호가 숨을 헐떡이며 말했습니다.

"엄마. 초도야, 초도. 분명 초도로 날아갔어."

"준호야, 확실히 본 거지? 초도가 틀림없는 거지?"

"그렇다니깐!"

준호가 자신 있게 대답하자, 엄마가 떨리는 목소리로 말했습니다.

"빨리 초도로 가자, 어서!"

초도는 포구에서 멀지 않은 곳에 있지만 사람이 살지 못하는 작은 바위섬이었습니다. 갈매기들이 모여 사는 섬이었습니다.

"아빠가 무사해야 할 텐데……."

"엄마, 그게 무슨 말이야? 아빠가 거기 있는 거야?"

"……."

엄마는 준호 말에 아무런 대꾸도 하지 않았습니다.

준호와 엄마는 젊은 이장네 집으로 갔습니다.

"좀 도와주세요. 뭔가 짚히는 게 있어요."

한자 익히기

習慣 습관	어떤 행위를 오랫동안 되풀이하는 과정에서 저절로 익혀진 행동 방식.

習	慣	習慣	習慣	習慣	習慣
익힐 **습**	익숙할 **관**				

엄마는 이장에게 사정을 **설명**하며 간절히 부탁했습니다.

"그럼 제 배로 가야겠네요. 자, 어서 가시지요."

엄마와 준호, 그리고 이장은 황급히 포구로 뛰었습니다.

"통통 통통통……."

이장이 운전하는 고깃배를 타고 엄마와 준호는 초도로 갔습니다.

배가 초도에 도착했습니다.

배에서 내린 세 사람은 주위를 두리번거렸습니다.

"아 아빠!"

준호가 먼저 아빠를 발견했습니다.

"준호 아빠!"

바위 사이에 준호 아빠가 꼼짝 못 하고 누워 있었습니다. 몸과 얼굴 여기저기에 상처가 심했습니다.

준호 아빠 곁에는 먹다 남은 말린 생선 몇 조각이 널려 있었습니다.

엄마와 준호, 그리고 이장은 아빠를 조심조심 옮겨 고깃배에 태웠습니다.

아빠는 조금 힘들어 보였습니다. 하지만 천천히 입을 열었습니다.

"고기를 잡아 돌아오는 길에 배가 암초에 부딪히면서 가라앉았어. 작은 구명보트를 타고 여기까지 왔는데 큰 파도에 휩쓸리면서 바위 사이에 끼고 만 거야. 준호야, 폼 나게 깃발 열두 개를 달고 돌아갔어야 했는데……. 아빠가 약속을 못 지켜서 정말 미안하구나."

한자 익히기

說明 설명 — 어떤 일이나 대상의 내용을 상대편이 잘 알 수 있도록 밝혀 말함. 또는 그런 말.

說	明
말씀 **설** (달랠 세)	밝을 **명**

說明　說明　說明　說明

"아냐, 아냐. 아빠는 오늘 나한테 세상에서 가장 큰 선물을 준 거야."

엄마는 아무 말도 못 하고 눈물만 흘렸습니다.

따뜻한 바람이 준호네 가족을 포근히 감싸 주었습니다.

"자, 가자. 집으로!"

한자 익히기	
膳物 선물	남에게 어떤 물건 등을 선사함. 또는 그 물건.

膳	物	膳物	膳物	膳物	膳物
선물 **선**	물건 **물**				

준호가 힘차게 외치자 **이장**은 깃발을 높이 올렸습니다. 배는 깃발 열두 개를 휘날리며 포구로 향했습니다.

"와, 배가 꽉 찼네. 만선이다, 만선!"

뱃고동 소리를 듣고 포구로 나온 마을 사람들이 손을 흔들며 환영해 주었습니다.

준호는 갑판에 누워 있는 아빠에게 엄지손가락을 들어 보이며 말했습니다.

"아빠, 아빤 우리한테 세상에서 가장 멋진 만선을 선물한 거야!"

"……."

아빠는 준호와 맞잡은 손을 더욱 힘주어 잡았습니다.

꾸꾸는 배를 앞지르며 포구를 향해 힘차게 날았습니다.

한자 익히기

里長 이장	행정 구역의 단위인 이(里)를 대표해 일을 맡아보는 사람.
里 長 마을 **이(리)**　어른 **장** (속 **이(리)**)　(길 **장**)	里長　里長　里長　里長

한자 성어와 속담 익히기

'다다익선(多多益善)'이란 많으면 많을 수록 더욱 좋다는 뜻입니다. 착하고 올바른 건 많으면 많을 수록 더욱더 좋은 것입니다.

〈갈매기 꾸꾸〉에 담긴 교훈

다친 데를 치료해 준 아빠와 준호, 치료받은 갈매기가 서로의 마음을 나누는 따뜻한 이야기입니다. 이런 일은 많으면 많을 수록 참 좋겠습니다. 많으면 많을 수록 좋다는 걸 '다다익선(多多益善)'이라고 합니다. 같은 뜻으로 "범에게 날개"라는 속담이 있습니다. 힘이 세고 사나운 호랑이가 날개까지 돋쳐 하늘을 날게 되니, 무서울 게 아무것도 없게 되었다는 뜻입니다. 힘이나 능력이 있는 사람이, 힘이나 능력을 더욱더 얻게 된 경우를 비유적으로 이르는 말입니다.

 같은 뜻을 가진 한자 성어

다다익판(多多益辦)

많으면 많을수록 더 잘 처리한다는 뜻입니다.

반대 뜻을 가진 한자 성어

과유불급(過猶不及)

정도를 지나침은 미치지 못함과 같다는 뜻으로, 지나친 건 오히려 모자람만 못하다는 뜻입니다.

'다다익선'에 담긴 이야기

《사기(史記)》〈회음후열전(淮陰侯列傳)〉에 나오는 말입니다.
중국을 통일한 한(漢)나라 고조(高祖) 유방(劉邦)이 장군 한신(韓信)과 여러 장군들 능력에 대해서 이야기할 때였습니다.
"그대가 보기에 나는 군사를 얼마쯤 거느릴 수 있겠는가?"
유방이 묻자 한신이 대답했습니다.
"폐하께서는 십만 군사를 거느리실 수 있사옵니다."
"그렇다면 그대는 군사를 얼마쯤 거느릴 수 있겠는가?"
"저는 많으면 많을수록 더욱 좋사옵니다."
"허허허, 많으면 많을수록 좋다. 다다익선이란 말인가?"
"그렇사옵니다, 폐하."
"그렇다면 한신, 그대는 어찌하여 십만 군사밖에 거느리지 못할 나에게 포로가 되었는가?"
"폐하께서는 십만 군사를 이끄는 장군이 아니라, 그런 장군 십만을 이끄시는 분이시옵니다. 이건 하늘이 폐하께 내리신 능력이고, 제가 폐하의 포로가 된 이유이옵니다."

이렇게 군사를 이끄는 능력을 말하면서 만들어진 '다다익선'이라는 고사성어(故事成語)는 오늘날에도 여러 방면에서 '많을수록 더욱 좋다'는 뜻으로 두루두루 쓰이고 있습니다.
한자 성어(漢字成語)란 옛사람들이 만든 한자로 이루어진 말입니다. 그리고 고사성어란 옛 이야기에서 유래한, 한자로 이루어진 말입니다.

한자 쓰고 익히기 123!

多 많을 다

부수: 저녁석(夕, 3획)

신에게 바치는 고기를 쌓은 모습을 본뜬 글자로, 물건이 '많다'라는 뜻을 나타냄. 나중에 석(夕: 밤)이 거듭 쌓여 다(多)가 되었다고 생각함.

한자어
- 過多(과다): 너무 많음.
- 多元(다원): 근원(根源)이 많음.

1단계 획순 따라 한자 쓰기

획순(총 6획)	ノ ク タ タ 多 多
多 많을 다	

2단계 훈(새김, 뜻)과 음(소리) 함께 쓰기

| 많을 다 | | | | |

3단계 스스로 써 보기

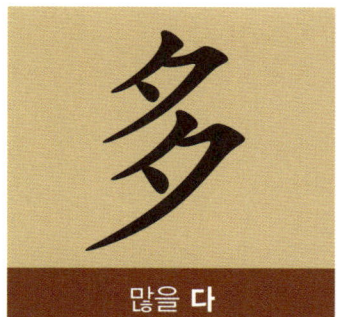

많을 다

부수: 저녁석(夕, 3획)

신에게 바치는 고기를 쌓은 모습을 본뜬 글자로, 물건이 '많다'라는 뜻을 나타냄. 나중에 석(夕: 밤)이 거듭 쌓여 다(多)가 되었다고 생각함.

한자어
- 多幸(다행): 운수(運數)가 좋음.
- 許多(허다): 매우 많음.

1단계 획순 따라 한자 쓰기

획순(총 6획)	ノ クタ 夕 多 多
多 많을 다	

2단계 훈(새김, 뜻)과 음(소리) 함께 쓰기

많을 다

3단계 스스로 써 보기

한자 쓰고 익히기 123!

益
더할 익

부수: 그릇명(皿, 5획)

물[수: 水(氵, 水)]과 그릇(명: 皿)이 합해져, 그릇에 물이 차서 넘치는 모습을 본뜬 글자로, '더하다'라는 뜻을 나타냄.

한자어
- 利益(이익): 물질적·정신적으로 보탬이 되는 것.
- 益友(익우): 사귀어 도움이 되는 벗.

1단계 획순 따라 한자 쓰기

획순(총 10획)	ノ 八 八 父 父 父 谷 谷 谷 益
益 더할 익	

2단계 훈(새김, 뜻)과 음(소리) 함께 쓰기

| 더할 익 | | | | |

3단계 스스로 써 보기

부수: 입구(口, 3획)

양(羊)처럼 온순하고 부드럽게 말(口)하는 사람 모습을 본뜬 글자로, '착하다'라는 뜻을 나타냄. 옛날 재판에는 양 같은 신성한 짐승을 썼음. 신에게 맹세(盟誓)하고 한 재판이라는 데서 나중에 '훌륭한 말 → 훌륭하다 → 좋다'라는 뜻도 나타냄.

한자어
- 善惡(선악): 착한 것과 악한 것. / • 善否(선부): 좋음과 좋지 못함.

1단계 획순 따라 한자 쓰기

획순(총 12획)	丶 丷 亠 䒑 芈 羊 䍧 羔 善 善 善				
善 착할(좋을) 선					

2단계 훈(새김, 뜻)과 음(소리) 함께 쓰기

착할(좋을) 선					

3단계 스스로 써 보기

배운 한자 복습하기

多 의 뜻은 ☐ 이며 ☐ 라고 읽습니다.

多 의 뜻은 ☐ 이며 ☐ 라고 읽습니다.

益 의 뜻은 ☐ 이며 ☐ 이라 읽습니다.

善 의 뜻은 ☐ 이며 ☐ 이라 읽습니다.

창의 쑥쑥 문장 만들기

예문) 훌륭한 신하가 다다익선이면 나라에 짱,

좋은 친구가 **다다익선**이면 나한테 짱!

짧은 글 짓기

짧은 글 짓기

긴 문장 만들기

❀ '다다익선'에 대한 '한자 카드'는 141쪽에 있습니다.

도둑

"이노므 자슥들, 잡히기만 해 봐라. 내 끝장을 낼 끼다."

동네에서 수다쟁이로 소문 난 병수 엄마는 이마에 맺힌 땀을 옷소매로 닦으며 헉헉 숨을 몰아쉬었습니다. 오늘은 무슨 일이 있어도 닭 도둑을 잡으리라, 단단히 마음을 먹었습니다.

산허리를 따라 한참을 오르던 병수 엄마와 동네 사람들은 몽둥이와 연장을 놓고 그늘에 앉아 잠시 쉬었습니다.

"한 번도 아니고, 일곱 번씩이나 남의 닭을 훔쳐 가나 말이다."

"그러게 말이에요. 어쩌면 그렇게 쥐도 새도 모르게 닭을 훔쳐 갔을까요?"

"산 중턱에 산다 카는 놈들이 진짜 문둥이 맞긴 맞나?"

병수 엄마는 씩씩거리며 계속 숨을 몰아쉬었습니다.

한자 익히기

所聞 소문	사람들 입에 오르내려 전해 들리는 말.

所	聞	所聞	所聞	所聞	所聞
바 소	들을 문				

"글쎄 그렇다니까요."

"성우 엄마가 그 문둥이들 참말로 봤능교?"

"직접 보지는 못했지만 오가는 등산객들이 하는 이야길 들었어요."

병수 엄마가 고개를 갸우뚱했습니다.

"거참 이상테이. 문둥이들은 소록도라 카는 섬에 모여 산다 카던데, 우짜 이곳까지 왔나 말이다. 참말로, 참말로 이상테이……."

병수네 동네는 집이 열 채밖에 안 되는 작은 동네입니다. 이곳 사람들은 서른 명도 안 되지만 서로 도우면서 함께 닭도 기르고, 염소도 키우고, 농사도 지으면서 **화목**하게 살고 있습니다.

"우리가 얼마나 정성 들여 키우는 닭인데 그걸 훔쳐 가?"

성우 엄마는 속이 상해 어쩔 줄을 몰라 했습니다.

"하모. 우리 닭들이 얼마나 귀중한 긴데. 내사 마, 그노마들을 키워 시장에 내다 팔아 우리 병수 학용품도 사 주고, 새 옷도 사 줘야 하는 긴데. 안 그러나, 병수야."

"……."

병수는 입고 있는 구멍 뚫린 러닝셔츠 끝자락으로 안경알만 닦았습니다. 그리고 닦은 안경알을 들여다보았습니다. 맑은 안경알, 그 속에 파란 하늘이 들어앉아 있었습니다. 안경알 속 파란 하늘을 보자 문득 지난 일들이 슬금슬금 떠올랐습니다.

한자 익히기

和睦 화목	서로 뜻이 맞고 정다움.

和	睦
화할 **화**	화목할 **목**

서울 변두리 난곡동에서 살 때였습니다. 재개발을 한다고 검은 옷을 입은 우람한 아저씨들이 우르르 몰려와서 판잣집을 마구 부쉈습니다.
　"부수지 마세요. 제발, 제발요!"
　동네 어른들이 검은 옷을 입은 아저씨들을 붙잡고 울면서 사정했습니다. 다섯 살이던 병수는 무서워 오들오들 떨었던 기억을 떠올리며 몸을 움츠렸습니다.
　문둥이가 살고 있다는 곳에 도착하자, 동네 사람들은 서로 얼굴만 멀뚱멀뚱 바라보았습니다.
　"문둥이들은 떼로 몰려 살고 있다 카던데, 작은 움막만 달랑 하나네."
　병수 엄마는 기가 막힌다는 듯이 고개를 살래살래 흔들었습니다.
　"아침밥으로 감자를 쪄 묵었나······."
　작은 움막 한구석에 모아 둔 감자 껍질이 보였습니다.

한자 익히기

事情 사정	어떤 일의 형편이나 까닭을 남에게 말하고 무엇을 간청함.			
事 情 일 사　뜻 정	事情	事情	事情	事情

"숟가락과 밥공기가 여기저기 떨어져 있는 걸 보니, 사람들이 급하게 떠난 것 같네요. 우리가 온다는 걸 미리 안 거 아닐까요?"

"그걸 우예 알았겠노? 우리 동네에 문둥이들과 내통하는 첩자가 있는 것도 아니고……."

성우 엄마는 움막 주변을 꼼꼼히 살폈습니다.

"닭을 잡아먹은 흔적은 전혀 보이지 않아요. 잡아먹었다면 쓰레기통이나 구석 어디에 닭털이라도 있어야 할 텐데 말예요."

"그라문 털까지 다 묵어 버렸단 말이가!"

잠시 후, 움막을 뒤지던 병수 엄마가 소리쳤습니다.

"야야, 이 이게 뭐꼬?"

움막 안, 이부자리를 깔았던 곳에 하얀 종이가 보였습니다. 편지였습니다.

저희는 소문처럼 문둥병 **환자**가 아닙니다.

집에 불이 났을 때, 저희 부부와 딸은 얼굴에 아주 심한 화상을 입었습니다. 그런 사정을 모르는 사람들은 저희를 보면 문둥이라면서 다들 피하고, 어쩌다 가까이 가면 돌을 던지기도 했지요. 그래서 여기까지 피난 아닌 피난을 와야 했습니다. 사람들 눈을 피해서요. 저희는 여기서 감자도 심고, 땅을 일구며 살려고 했습니다. 하지만 여기도 저희가 살 곳이 아닌가 봅니다.

죄송합니다.

한자 익히기	
患者 환자	병들거나 다쳐서 치료를 받아야 할 사람.
患 근심 환 / 者 사람 자 (놈 자)	患者　患者　患者　患者

"우짠지 이상 터라. 문둥이가 와 이 산에까지 와서 살겠노, 그쟈?"
병수 엄마는 그제야 막혔던 속이 풀리는 듯 긴 숨을 내쉬었습니다.
"문둥이든, 불에 데었든 우리 닭을 훔쳐 갔으니까 도둑은 도둑이지요, 뭐!"
"하모, 성우 엄마 말이 맞데이!"
"그렇구말구요!"
"보레이, 병수야. 아무리 배가 고파도 도둑질을 하면 절대로 안 되는 기라, 알겠나?"
"……."

병수는 엄마 말을 듣는 둥 마는 둥 다시 안경을 들고 파란 하늘을 쳐다봤습니다. 안경알 너머로 지난 일들이 다시 떠올랐습니다.

난곡동 쪽방 동네 아래, 작은 공터 앞에 구멍가게가 있었습니다.

병수는 배가 고플 때면 구멍가게 앞을 서성거리며 일하러 간 아빠, 엄마를 기다렸습니다.

"병수, 호빵이 먹고 싶은가 보구나?"
구멍가게 털보 아저씨는 **종종** 병수에게 김이 무럭무럭 나는 따끈따끈한 호빵을 주었습니다.

'그때 털보 아저씨가 주신 호빵은

한자 익히기					
種種 종종	가끔. 시간적·공간적 간격이 얼마쯤씩 있게.				
種 씨 종	種 씨 종	種種	種種	種種	種種

정말 맛있었어…….'

병수는 두꺼운 안경알을 러닝셔츠 끝자락으로 또 닦았습니다.

"자, 이제 내려가제. 도둑도 몬 잡고 시간만 내삐렸다 아이가."

동네 사람들은 산길을 따라 내려왔습니다.

"어 어메! 저 저것 좀 보레이, 저게 뭐꼬?"

닭들이 작은 우리에 갇혀 있었습니다.

"모두 일곱 마리예요. 이건 잃어버린 우리 닭들이 틀림없어요!"

성우 엄마가 소리쳤습니다.

"그란데 닭들이 우예 여기 있단 말이고?"

나뭇가지로 얼기설기 짠 우리 밖에는 작은 푯말에 글씨가 쓰여 있었습니다.

이 닭은 저희 닭이 아닙니다.
닭이 여기까지 올라왔기에 우리를 만들어 보관했으니 주인 되시는 분은 찾아 가세요.

'어, 닭들이 모두 그대로 있네!'

병수는 깜짝 놀랐지만, 아무렇지도 않은 듯 **안경**을 고쳐 쓰고 먼 산을 보았습니다.

얼마 전, 병수는 칡뿌리를 캐러 산에 올라갔다가 우연히 꽃반지 놀이를 하

한자 익히기

眼鏡 안경	시력이 나쁜 눈을 잘 보이게 하기 위해서나 바람, 먼지, 강한 햇빛 등을 막기 위해 눈에 쓰는 물건.

| 眼
눈 **안**
(눈 불거질 **은**) | 鏡
거울 **경** | 眼鏡 | 眼鏡 | 眼鏡 | 眼鏡 |

던 아이와 마주쳤습니다. 병수 또래의 여자아이였습니다.

"어!"

"어머!"

병수도, 여자아이도 깜짝 놀랐습니다.

순간 병수의 머릿속에 온갖 생각이 스쳐 지나갔습니다.

'얘가 소문으로만 듣던 그 문둥이들 딸이 아닐까? 얘 엄마 아빠한테 잡히면 내 간을 빼먹겠지?'

이런 생각이 들자, 병수는 겁이 덜컥 났습니다.

바로 그때 여자아이가 꽃반지 하나를 병수에게 내밀었습니다. 여자아이의 미소를 보자 병수는 두려움이 조금 사라졌습니다.

"우린 아니야."

"뭐 뭐가?"

"우린 문둥이가 아니란 말이야."

여자아이가 자기 가족에 관해 병수한테 차근차근 이야기했습니다. 모든 이야기를 듣고 난 병수 입가에도 환한 미소가 피어났습니다.

"그랬구나……. 우리 엄마 아빠한테 말해서 우리 동네에 내려와서 같이 살자고 할까?"

"아냐. 어른들은 안 믿어. 우리가 화상 입은 가족이라고 해도 어른들은 모두 문둥이라고 했거든. 그러니까 어른들한테는 비밀로 해 줘. 우리가 여기 사

한자 익히기

| 女子 여자 | 여성으로 태어난 사람. |

| 女 여자 여(녀) | 子 사람 자 (아들 자) | 女子 | 女子 | 女子 | 女子 |

는 걸 알면 우린 또 쫓겨나, 알았지?"

"으응. 그 그래."

"자, 약속!"

여자아이가 새끼손가락을 내밀었습니다.

"그래, 좋아. 약속!"

병수와 여자아이는 새끼손가락을 걸고, 엄지손가락으로 도장까지 찍었습니다.

한자 익히기					
約束 약속	다른 사람과 앞으로의 일을 어떻게 할 것인가를 미리 정해 둠. 또는 그렇게 정한 내용.				
約 맺을 약	束 약속할 속 (묶을 속)	約束	約束	約束	約束

병수는 캔 칡뿌리 하나를 여자아이에게 주었습니다.

"자, 받아. 반지 값이야!"

"고마워."

"참, 내 이름은 순님이야."

"나는 병수야."

집으로 돌아온 병수는 저녁도 먹는 둥 마는 둥하고 곰곰이 생각했습니다.

'그냥 어른들한테 말하고 도와달라고 할까? 아 아니야. 순님이네가 쫓겨나면 안 되지. 어떻게 하면 순님이네를 도와줄 수 있을까? 아무도 모르게 말이야……'

잠시 생각에 잠겼던 병수가 무릎을 탁 치며 벌떡 일어났습니다. 그리고 방 안을 살폈습니다. 아빠는 말린 칡덩굴로 바구니를 짜고 있었습니다. 부엌도 살폈습니다. 엄마는 설거지를 하고 있었습니다.

"좀 더 기다리자."

얼마 후, 엄마 아빠가 깊은 잠에 빠졌습니다. 눈을 감고 누워 있던 병수는 오줌이 마려운 척하고 밖으로 나갔습니다. 그리고 곧장 닭장으로 가서 가장 포동포동하게 살이

한자 익히기

半指 반지	장식으로 손가락에 끼는 고리. 위쪽에 보석을 박거나 무늬를 새겨 꾸미기도 한다.

半	指				
반 **반**	손가락 **지** (가리킬 **지**)	半指	半指	半指	半指

오른 닭을 한 마리 조심조심 꺼내 안았습니다.
'이 중에 한 마리쯤 없어져도 모를 거야, 히히히……'
병수는 순님이네 집 근처에 닭을 놓아주었습니다.
병수는 그렇게 순님이네 집을 찾아가곤 했던 것입니다.

한자 익히기

近處 근처 — 가까운 곳.

近	處	近處	近處	近處	近處
가까울 근	곳 처				

한자 성어와 속담 익히기

'갑남을녀(甲男乙女)'란 갑이라는 남자와 을이라는 여자라는 뜻으로, 신분(身分)이나 이름이 알려지지 않은 보통 사람, 평범한 사람을 이르는 말입니다.

〈도둑〉에 담긴 교훈

닭 도둑에다 문둥이로 오해 받았던 순님이네. 하지만 동네 사람들이 잘못 안 거예요. 가난할 뿐 그들은 우리처럼 평범한 사람이었습니다. 평범한 사람을 한자 성어로 '갑남을녀'라고 합니다. 갑이라는 남자와 을이라는 여자라는 뜻으로, 신분이나 이름이 알려지지 않은 보통 사람, 평범한 사람을 이르는 말입니다.

그러나 "평범 속에 보통 수준보다 훨씬 뛰어난 비범(非凡) 있다"는 말도 잘 새겨 두어야 합니다. 흙 속에 묻힌 진주 찾듯, 평범한 사람들 중에서 아주 귀한 사람을 찾을 수 있으니까요. 또한 "낙락장송(落落長松)도 근본은 종자"라는 속담도 잘 새겨 두어야 합니다. 가지가 길게 축축 늘어진 키가 큰 소나무도 씨앗에서 비롯되었다는 뜻으로, 아무리 훌륭한 사람이라도 처음에는 보통 사람과 다름이 없었음을 비유적으로 이르는 말이거든요. 아무리 대단한 일도 그 처음과 시작은 아주 보잘것없었음을 비유적으로 이르는 말이니까요.

❀ 같은 뜻을 가진 한자 성어

필부필부(匹夫匹婦)
평범한 남자와 평범한 여자를 이르는 말입니다.

❀ 반대 뜻을 가진 한자 성어

동가홍상(同價紅裳)
같은 값이면 다홍치마라는 뜻으로, 같은 값이면 더 좋은 물건을 가진다는 말입니다.

'갑남을녀'에 담긴 이야기

갑이라는 남자와 을이라는 여자라는 뜻으로, 특별히 이름이나 신분이 알려지지 않은 보통 사람, 평범한 사람을 말합니다.

갑과 을은 천간(天干)에서 따왔습니다. 천간으로는 갑(甲)·을(乙)·병(丙)·정(丁)·무(戊)·기(己)·경(庚)·신(辛)·임(壬)·계(癸) 등 십간(十干)이 있습니다. 그런데 갑은 양(陽), 을은 음(陰)으로 음양 순서대로 배열되어 있습니다. 성별(性別)을 나누어 보면 양은 남자, 음은 여자로 구분됩니다. 여기서 갑남(甲男)은 특별히 정하지 않은 남자를, 을녀(乙女)는 특별히 정하지 않은 여자를 가리킵니다.

음양오행(陰陽五行)의 갑·을에서 나온 갑남을녀는 특별하지 않고 평범한 사람을 가리키는 말입니다.

한자 쓰고 익히기 123!

갑옷 갑

부수: 밭전(田, 5획)

새싹이 싹트면서 씨앗 껍질을 뒤집어 쓰고 있는 모습을 본뜬 글자로, 싹이 나기 '시작한다', '처음·제일', '갑옷'이라는 뜻을 나타냄.
또한 음을 빌어 천간의 첫째 글자로 씀.

한자어
- 甲富(갑부): 첫째 가는 부자(富者).
- 甲衣(갑의): 갑옷(甲옷). 싸울 때 적 창검·화살을 막으려 입던 옷.

1단계 획순 따라 한자 쓰기

획순(총 5획)	丨 冂 日 日 甲			
甲 갑옷 갑				

2단계 훈(새김, 뜻)과 음(소리) 함께 쓰기

갑옷 갑				

3단계 스스로 써 보기

사내 남

부수: (田, 5획)

전(田: 논밭)과 력(力: 힘, 농기구)이 합해진 글자로, '논이나 밭을 가는 사람 → 남자'라는 뜻을 나타냄.

한자어
- 男同生(남동생): 남자인 동생.
- 男子(남자): 사내아이.

1단계 획순 따라 한자 쓰기

획순(총 7획)	丨 冂 冂 日 田 甲 男
男 사내 남	

2단계 훈(새김, 뜻)과 음(소리) 함께 쓰기

사내 남				

3단계 스스로 써 보기

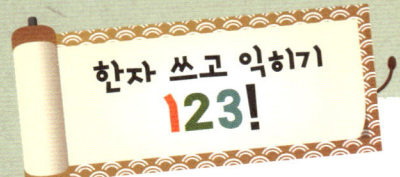

부수: 새을(乙, 1획)

한가운데가 쥐는 곳이며 양쪽이 굽고 뾰족한 작은 칼 모습을 본뜬 글자로, '새'라는 뜻을 나타냄. 또 음을 빌어 천간의 두 번째로 씀.

한자어
- 乙骨(을골): 호랑이 가슴 양쪽에 있는 을(乙)자형의 뼈.
- 乙鳥(을조): '제비'를 달리 일컫는 이름.

1단계 획순 따라 한자 쓰기

획순(총 1획)	乙				
乙 새 을					

2단계 훈(새김, 뜻)과 음(소리) 함께 쓰기

새 을				

3단계 스스로 써 보기

부수: 계집녀 (女, 3획)

세운 무릎에 두 손을 모으고 얌전하게 앉아 있는 여자 모습을 본뜬 글자로, '계집·여자'라는 뜻을 나타냄.

한자어
- 美女(미녀): 얼굴이 아름다운 여자.
- 女性(여성): 성(性) 측면에서 여자를 이르는 말.

계집(여자) **녀(여)**

1단계 획순 따라 한자 쓰기

획순(총 3획)	ㄑ ㄣ 女			
女				
계집(여자) **녀(여)**				

2단계 훈(새김, 뜻)과 음(소리) 함께 쓰기

계집(여자) **녀(여)**				

3단계 스스로 써 보기

배운 한자 복습하기

甲의 뜻은 ☐ 이며 ☐ 이라 읽습니다.

男의 뜻은 ☐ 이며 ☐ 이라 읽습니다.

乙의 뜻은 ☐ 이며 ☐ 이라 읽습니다.

女의 뜻은 ☐ 이며 ☐ 라고 읽습니다.

창의 쑥쑥 문장 만들기

예문) 좋은 나라란 몇몇 뛰어난 사람만 잘사는 나라가 아니라 **갑남을녀**가 골고루 행복하게 살아가는 나라입니다.

짧은 글 짓기

짧은 글 짓기

긴 문장 만들기

❀ '갑남을녀'에 대한 '한자 카드'는 143쪽에 있습니다.

촘베 아저씨

아저씨는 리어카를 끌고 낑낑거리며 언덕길을 올랐습니다.

리어카에는 **연탄**이 가득 실려 있습니다. 아저씨 얼굴은 땀과 검은 연탄 가루로 뒤범벅되어 있습니다.

"어!"

순간 아저씨의 얼룩진 얼굴에 환한 웃음꽃이 활짝 피었습니다.

"명수로구나!"

명수가 뒤에서 밀고 있다는 것을 아저씨는 금방 알아차렸습니다.

"히히히……."

웃음으로 대답한 명수는 힘껏 리어카를 밀었습니다.

"이 녀석아, 다칠라. 살살 밀어."

한자 익히기

煉炭 연탄	주원료인 무연탄과 코크스, 목탄 등의 가루에 피치, 해조(海藻), 석회 등의 점결제(粘結劑)를 섞어서 굳혀 만든 연료.
煉 달굴 연(련) / 炭 숯 탄	煉炭　煉炭　煉炭　煉炭

앞에서 끌고 뒤에서 밀자, 힘들게 올라가던 리어카는 언덕길을 가볍게 올라갔습니다.

동네 사람들은 아저씨를 춈베 아저씨라고 불렀습니다. 마른 얼굴에 검은 연탄을 묻힌 모습이 아프리카 콩고의 춈베 총리와 닮았다고 해서 붙여진 별명입니다.

춈베 아저씨는 리어카에 연탄을 가득 싣고 산동네까지 배달했습니다. 비가 오는 날이나, 눈이 내리는 날은 아저씨가 가장 힘든 날입니다.

"휴, 이제 다 올라왔구나."

땀을 닦은 춈베 아저씨는 명수 어깨를 톡톡 쳤습니다.

"네 **덕분**에 힘 안 들이고 올라왔구나. 고맙다, 명수야."

"아저씨는 제가 미는 걸 어떻게 금방 아세요?"

"그야 리어카가 가벼워지니까 알지."

"왜 제가 미는 거라고 생각하셨어요?"

춈베 아저씨 검은 얼굴이 까만 명수 눈동자 속으로 쏘옥 빨려 들어갔습니다.

"허허허. 네가 밀어 줄 땐 리어카도 가벼워지지만, 추운 겨울날 연탄불을 피운 안방처럼 내 마음이 따뜻해지거든."

"네에?"

명수가 고개를 갸우뚱했습니다.

한자 익히기	
德分 덕분	베풀어 준 은혜나 도움.

德	分
덕 **덕** (큰 **덕**)	나눌 **분** (푼 **푼**)

德分　德分　德分　德分

촘베 아저씨는 나이가 들수록 몸이 점점 약해져서 리어카를 끌 때마다 무척 힘들어 했습니다. 동네 아저씨들은 그럴 때마다 촘베 아저씨를 심하게 나무랐습니다.

"이봐, 촘베. 자네 장사도 좋고 돈도 좋지만, 몸이 그렇게 허약해서 연탄 장사 제대로 할 수 있겠어? 보신 좀 하라고. 몸보신."

그럴 때마다 촘베 아저씨는 똑같은 대답을 했습니다.

"보신은 무슨 놈의 보신. 보신할 돈 있으면 힘든 연탄 장사를 내가 왜 하누? 당장 때려치우고 편하게 살지."

그러면서 가는 눈을 살짝 흘기고 씩 웃었습니다.

"보약도 좋지만 이렇게 힘들 땐 보신탕 한 그릇만 먹어도 힘이 솟는다는데……. 휴우, 내 **팔자**에 보신탕은 무슨 보신탕……."

촘베 아저씨는 혀를 끌끌 차면서 리어카에 연탄을 가득가득 실었습니다.

"아저씨, 보신탕을 먹으면 힘이 세져요?"

"그렇다는구나, 콜록콜록……."

촘베 아저씨는 기침을 하면서 힘들어 했습니다.

한자 익히기

八字 팔자	사람의 한평생의 운수. 사주팔자에서 유래한 말로, 사람이 태어난 해와 달과 날과 시간을 간지(干支)로 나타내면 여덟 글자가 되는데, 이 속에 일생의 운명이 정해져 있다고 본다.
八 / 字 여덟 **팔** / 글자 **자**	八字 八字 八字 八字

"보신탕이 맛도 좋아요?"

"글쎄다. 맛이 있으니까 사람들이 많이 먹지 않겠니?"

"아저씨도 아직 보신탕을 못 드셔 보신 거예요?"

"응, 개고기가 워낙 비싸기도 하고……."

"보신탕이 개고기예요?"

"그렇지."

개고기라는 말에 명수는 더 이상 아무 말도 하지 않고 집으로 갔습니다.

가랑비가 내리는 날이었습니다.

집으로 가던 명수는 연탄 가게 앞에서 걸음을 멈추었습니다. 가게 앞에는 못 보던 연탄 화덕이 놓여 있고, 화덕에 올려놓은 가마솥에서는 구수한 냄새를 풍기며 무엇인가가 부글부글 끓고 있었습니다.

"아저씨, 이게 뭐예요? 구수하고 맛있는 냄새가 나네요."

화덕 앞에 코를 가까이 대고 냄새를 맡던 명수가 좀베 아저씨에게 물었습니다.

"요즘에 내가 너무 기운이 없어서 몸 보신 좀 하려고 끓이는 거야."

"그럼 이거 먹으면 기운이 생기나요?"

"그렇고말고. 힘이 펄펄 넘치게 하는 보신탕이거든."

순간 명수 얼굴이 굳어졌습니다.

한자 익히기

| 補身 보신 | 몸보신. 보약 등을 먹어 몸의 영양을 보충함. |

補	身	補身	補身	補身	補身
도울 보 (기울 보)	몸 신 (나라 이름 건)				

"네에? 이게 보신탕이라구요?"

"그래, 힘이 세지는 보신탕이다."

"그럼, 이 가마솥 속에 개가……."

명수는 말문이 턱 막혔지만, 좀베 아저씨 표정은 아주 즐거워 보였습니다.

"명수야, 우리 오늘 저녁에 맛있는 보신탕을 실컷 먹자. 이따 저녁 시간에 맞춰 오렴."

"……."

명수는 집으로 돌아오는 길에 할아버지들이 경로당 앞에 모여 수군대고 있는 것을 보았습니다.

"내가 어제 제일 늦게까지 있었는디……. 그때도 여기 있었단 말여."

"거참, 귀신이 곡할 노릇이구만."

"그럼 땡칠이를 누가 훔쳐 간 거여."

"아니, 어느 몹쓸 놈이 늙은이들이 키우는 개를 훔쳐 갔단 말이여?"

"땡칠아, 땡칠아!"

할아버지들은 개를 찾아 경로당 주변을 몇 번이고 돌아보았습니다.

"땡칠이 녀석은 아주 영리한 놈이야. 딱 한 번 본 나를 단번에 알아보고 반겨 주곤 했지."

"하모하모. 땡칠이만큼 영리한 개도 드물끼라."

그 모습을 지켜본 명수는 주먹을 불끈 쥐었습니다.

한자 익히기

鬼神 귀신	사람이 죽은 뒤에 남는다는 넋. 또는 사람에게 화(禍)와 복(福)을 내려 준다는 신령(神靈).			
鬼 귀신 귀 / 神 귀신 신	鬼神	鬼神	鬼神	鬼神

"세상에 촘베 아저씨가! 맞아, 아저씨가 땡칠이를 훔쳐다가 보신탕을 끓인 거야."

명수는 가슴이 조여드는 것 같았습니다. 부지런하고 친절하고 인정 많은 촘베 아저씨가 그런 일을 저질렀다는 게 믿어지지 않았습니다.

'이제부터 나는 절대로 촘베 아저씨 리어카를 밀어 주지 않을 거야. 다시는 보지도 않을 거야, 정말야!'

어제부터 내리던 가랑비는 오늘도 계속 내렸습니다.

학교를 끝내고 집으로 돌아가던 명수는 연탄 가게 앞에서 걸음을 멈추었습니다.

비에 젖은 촘베 아저씨 리어카에는 연탄이 한 장도 실려 있지 않았습니다.

"이제 연탄 장사를 안 하려나?"

우산을 빙빙 돌리며 중얼거리던 명수는 가게 안을 들여다보았습니다. 가

한자 익히기

雨傘 우산	우비(雨備)의 하나. 펴고 접을 수 있어 비가 올 때에 펴서 손에 들고 머리 위를 가린다.
雨 비 **우** / 傘 우산 **산**	雨傘 雨傘 雨傘 雨傘

게 안에는 동네 할아버지들이 모여 앉아서 술과 고기를 맛있게 먹고 있었습니다. 어제 경로당에서 땡칠이를 잃어버려 섭섭해하던 할아버지들도 모두 다 즐거운 표정이었습니다.

명수를 본 촘베 아저씨가 들어오라고 손짓했습니다.

"흥, 내가 거길 왜 들어가."

콧방귀를 뀐 명수는 쓰고 있던 우산을 빙글빙글 돌리며 집으로 갔습니다.

"명수야, 명수야!"

촘베 아저씨는 비를 맞으며 명수에게 달려왔습니다.

"명수야, 너 왜 그냥 가니? 어제는 저녁 먹으러도 안 오고 말이야……."

술을 마신 촘베 아저씨 얼굴이 빨갛게 달아올라 있었습니다. 이런 아저씨 얼굴을 명수는 처음 보았습니다. 촘베 아저씨 얼굴은 항상 연탄 가루와 땀으로 얼룩이 져 있었으니까요.

"난 보신탕 같은 거 안 먹어요."

"아주 맛이 좋아. 어제 밤새 끓인 거란다."

"싫다니까요. 아저씨나 몸보신 실컷 하세요!"

촘베 아저씨는 명수 손을 잡아끌었습니다.

"명수야, 할아버지들이 네 칭찬을 많이 하시더구나. 우리 동네에서 너만큼 **예의** 바르고 착한 아이가 없다고 하시면서 말이야."

명수는 픽 웃었습니다.

한자 익히기

禮儀 예의 — 존경의 뜻을 표하기 위해 예로써 나타내는 말투나 몸가짐.

禮	儀	禮儀	禮儀	禮儀	禮儀
예도 예(례)	거동 의				

"그런 칭찬 필요 없어요. 다들 거짓말쟁이에 이중인격자예요!"

"명수야, 그게 무슨 소리냐?"

"이제부터는 아저씨나 할아버지들을 봐도 난 **인사** 안 할 거예요."

"명수야, 명수야!"

명수는 비를 맞고 있는 촘베 아저씨 손을 뿌리치며 집으로 뛰어갔습니다.

"너 촘베 아저씨 가게에서 밥 안 먹고 왔니? 아저씨가 너 밥 먹여서 보낸다고 했는데."

"엄마도 개 도둑 일당이야?"

책가방을 책상에 던진 명수는 엄마를 보고 버럭 소리쳤습니다.

"아니 얘가 왜 소릴 지르고 그래. 개 도둑이라니? 그건 또 무슨 말이니?"

"앞으로 내 앞에서 촘베 아저씨 얘기는 하지도 마!"

"갑자기 왜 그래? 아저씨가 널 얼마나 좋아하는데."

침대에 벌렁 드러누운 명수는 천장을 뚫어지게 노려보다가 이불을 푹 뒤집어썼습니다.

"촘베 아저씨가 육개장을 아주 맛있게 끓였던데……."

"육개장?"

한자 익히기

| 人事 인사 | 마주 대하거나 헤어질 때에 예를 표함. 또는 처음 만나는 사람끼리 서로 이름을 통해 자기를 소개함. |

人	事	人事	人事	人事	人事
사람 인	일 사				

명수는 침대에서 벌떡 일어났습니다.

"엄마, 그거 육개장이 아니라 보신탕이야. 촘베 아저씨가 경로당 땡칠이를 훔쳐다가 몸보신하려고 끓인 거라고."

"얘는 무슨 엉뚱한 소리를 하는 거야. 아저씨가 적금 탔다고 쇠고기를 사다가 육개장을 끓여서 동네 사람들한테 대접하는 건데."

"엄마, 그게 정말이야? 확실해?"

"아휴, 그렇다니까."

명수는 침대에서 벌떡 일어나 경로당으로 달려갔습니다.

경로당 마당에 들어선 명수는 귀를 쫑긋 세우고 꼬리를 흔드는 땡칠이를 보았습니다.

"아 아니! 땡칠아, 너 어떻게 된 거야?"

경로당 안으로 들어갔던 할머니가 땡칠이 밥을 갖고 나왔습니다.

땡칠이는 꼬리를 흔들며 맛있게 밥을 먹었습니다.

"할머니, 어제 땡칠이 안 보이던데……."

"어제? 어젠 주사 맞으러 갔었당께."

"주사요? 어디가 아팠나요?"

"아픈 게 아녀. 긍께 그거 있잖여. 광, 광 거시기 뭐라더라……."

"광견병 예방 주사요?"

"그려그려, 그거여. 그 주사 맞으러 가서 하루 종일 있었당께."

한자 익히기

| 積金 적금 | 금융 기관에 일정 금액을 일정 기간 동안 불입한 다음에 찾는 저금. |

積 쌓을 적 (저축 자) 金 돈 금 (쇠 김)

積金 積金 積金 積金

"하루 종일이요?"

"그려, 무신 개들이 그러코롬 많은지 한참 기둘렀당께."

가랑비는 그칠 줄 모르고 계속 내렸습니다.

늦은 밤인데도 촘베 아저씨네 연탄 가게에는 불이 환하게 켜져 있었습니다.

"이봐, 촘베. 자네 건강해야 해. 그래야 오래오래 연탄 배달도 할 게 아닌감?"

"하모. 촘베가 건강해야 우리 동네가 따뜻한기라."

"영감님, 걱정 마세요. 아직은 견딜 만하니까요."

"암, 그래야지. 그래야 우리가 몸보신을 또 할 것 아닌가, 안 그런가?"

"허허허……."

명수는 환하게 불을 밝힌 가게 안을 들여다보았습니다.

촘베 아저씨와 할아버지들이 도란도란 이야기를 나누고 있었습니다.

"쳇, 아저씨 진짜 웃긴다. 몸보신할 돈이 있으면 연탄 장사 **당장** 때려치운다더니……."

명수는 비에 젖은 연탄 리어카를 지붕 안쪽으로 옮겨 놓았습니다.

"리어카야, 네가 녹슬고 고장이 나면 촘베 아저씨가 연탄 배달하기 힘들지 않겠니? 그나저나 내일도 비가 오면 어쩌지? 촘베 아저씨가 연탄을 배달하기 힘들 텐데……."

명수는 손가락을 꼽으며 비가 온 날을 꼽아 보았습니다.

한자 익히기

| 當場 당장 | 일이 일어난 바로 직후의 빠른 시간. 또는 눈앞에 닥친 현재의 이 시간. |

當	場
갑자기 **당** (마땅 당)	때 **장** (마당 장)

當場　當場　當場　當場

한자 성어와 속담 익히기

'명약관화(明若觀火)'란 불을 보듯 분명하고 뻔하다는 뜻으로, 불 보듯 환하게 분명하고 더할 나위 없이 명백하다는 말입니다.

〈촘베 아저씨〉에 담긴 교훈

촘베 아저씨가 개 도둑으로 몰려 욕은 먹었지만, 아저씨 맘씨가 좋다는 건 명약관화합니다. 한자 성어 '명약관화'란 밝은 불빛을 봤을 때 환한 것처럼, 앞에 펼쳐질 일들을 눈으로 직접 확인하지 않아도 처음부터 끝까지 일이 진행되어 온 과정이 분명하고 뚜렷하게 드러난다는 뜻입니다. '안 봐도 뻔할 때, 안 봐도 알 수 있을 때' 쓰입니다. 뻔히 들여다보이는 걸 가지고 자신만 알고 남은 모르려니 생각해서 남을 속인다는 뜻을 가진 속담 "귀 막고 방울 도둑질한다"도 같은 말입니다.

❁ 같은 뜻을 가진 한자 성어
명명백백(明明白白)
아주 똑똑하게 나타나서 의심할 것이 없다는 말입니다.

❁ 반대 뜻을 가진 한자 성어
오리무중(五里霧中)
5리나 되는 짙은 안개 속에 있다는 뜻으로, 무슨 일에 대해 방향이나 갈피를 잡을 수 없음을 이르는 말입니다.

'명약관화'에 담긴 이야기

중국 춘추 시대에 송(宋)나라와 초(楚)나라가 한창 전쟁을 치르고 있었습니다.
그러던 중, 초나라 군사들이 강을 건너는 동안 송나라의 공자 목이(目夷)가 양공(襄公)에게 말했습니다.
"이때를 틈타 적을 공격합시다."
하지만 양공은 고개를 가로저으며,
"그건 정정당당하지 못한 공격입니다."
하고 반대했습니다. 초나라 군사들이 강을 건넌 뒤에 아직 전투 준비를 못하고 있을 때, 또 공자 목이가 공격하자고 했지만 양공은 또 반대했습니다.
그러자 공자 목이는,
"지금 공격하지 않으면 초나라 군사들은 전투 준비를 하고 우릴 공격할 것입니다. 그러면 우리가 질 것은 불을 보듯 뻔합니다."
하며 탄식(歎息)했습니다.

이처럼 명약관화는 어떤 일의 결과가 분명해 마치 불을 보는 것처럼 뻔하다는 걸 나타낼 때 쓰입니다.

明	
밝을 **명**	**부수:** 날일(日, 4획) 날일(日: 해)과 월(月: 달)이 합해진 글자로, 낮에는 해가 밤에는 달이 밝게 비추어 준다는 의미에서, '밝다'라는 뜻을 나타냄. **한자어** • 明月(명월): 밝은 달. • 明日(명일): 내일.

1단계 획순 따라 한자 쓰기

획순(총 8획)	丨 冂 日 日 䏍 明 明 明
明 밝을 **명**	明 明 明 明 明 明 明 明

2단계 훈(새김, 뜻)과 음(소리) 함께 쓰기

밝을 **명**

3단계 스스로 써 보기

부수: 초두머리(艹, 4획)

초두머리[艹(=艸): 풀, 풀의 싹]와 우[右: 오른손 → 손으로 물건(物件)을 잡는 일]가 합해진 글자로, 무엇과 '같다'라는 뜻을 나타냄. '만약'이라는 뜻으로도 씀.

한자어
- 果若(과약): 과연. 아닌 게 아니라 정말로.
- 萬若(만약): 만일(萬一). 혹시.

1단계 획순 따라 한자 쓰기

획순(총 9획)	丨 十 壮 艹 艹 芐 苦 若 若
若	
같을 **약**	

2단계 훈(새김, 뜻)과 음(소리) 함께 쓰기

같을 **약**				

3단계 스스로 써 보기

한자 쓰고 익히기 123!

觀
볼 관

부수: 볼견(見, 7획)

관(雚: 황새)과 볼견(見: 자세히 보다)이 합해진 글자로, 황새가 먹이를 찾으려고 두리번거리며 자세히 '보다'라는 뜻을 나타냄.

한자어
- 觀客(관객): 영화 등을 구경하는 사람.
- 美觀(미관): 아름답고 훌륭한 풍경.

1단계 획순 따라 한자 쓰기

획순(총 25획)	丨 丬 ヰ 廿 芇 苎 节 苎 芇 萑 萑 萑 雚 雚 雚 雚 觀 觀 觀 觀 觀
觀 볼 관	

2단계 훈(새김, 뜻)과 음(소리) 함께 쓰기

볼 관				

3단계 스스로 써 보기

불 화

부수: 불화(火, 4획)

불이 타고 있는 모습을 본뜬 글자로, '불' 또는 '타는 불'이라는 뜻을 나타냄.

한자어
- 消火(소화): 물건 등에 붙은 불을 끔.
- 火急(화급): 걷잡을 수 없이 타는 불과 같이 매우 급함.

1단계 획순 따라 한자 쓰기

획순(총 4획)	、 ﾞ 丬 火
火	
불 화	

2단계 훈(새김, 뜻)과 음(소리) 함께 쓰기

불 화				

3단계 스스로 써 보기

배운 한자 복습하기

明 의 뜻은 ☐ 이며 ☐ 이라 읽습니다.

若 의 뜻은 ☐ 이며 ☐ 이라 읽습니다.

觀 의 뜻은 ☐ 이며 ☐ 이라 읽습니다.

火 의 뜻은 ☐ 이며 ☐ 라고 읽습니다.

창의 쑥쑥 문장 만들기

예문) 독도가 우리 땅이라는 게 **명약관화**한데, 일본은 자기네 땅이라고 억지 주장을 하고 있습니다.

짧은 글 짓기

짧은 글 짓기

긴 문장 만들기

❀ '명약관화'에 대한 '한자 카드'는 145쪽에 있습니다.

민벙어리 장갑

"계동아!"

아침 6시 30분이다.

9월이라서 그렇지, 겨울 같으면 캄캄한 새벽이다. 아버지는 언제나 아침 6시 30분에 나를 부른다. 아침밥 준비가 다 되었다는 알림이다.

올봄에 할머니가 돌아가시기 전까지는 그렇지 않았다. 새벽같이 아버지가 공사장으로 일 나가도 할머니는 나를 8시에 깨웠다. 할머니는 아침 밥상을 두 번 차렸던 것이다.

할머니는 엄마의 빈자리를 인정 하지 않았다. 내가 그런 마음을 내비치기라도 하면 호되게 꾸짖었다.

"내가 밥해 주고 옷 입혀 주는데 어미가 무에 필요하냐? 사람이 사람 도리

한자 익히기		
認定 인정		확실히 그렇다고 여김.
認 알 인 (적을 잉)	定 정할 정 (이마 정)	認定 認定 認定 認定

를 못 하면 짐승이나 마찬가진기라."

나는 얼굴도 모르는 엄마가 왜 짐승과 마찬가진지는 알 수 없지만 더 이상 할머니나 아버지에게 물어볼 수 없었다. 5학년이 되도록.

"네 얼굴이 별로구나."

아버지가 나를 부를 때는 아침밥을 반 이상 먹고 난 뒤다. 7시까지는 현장에 도착해야 되기 때문이다. 그 바쁜 시간에도 내 얼굴을 살폈던 것이다.

사실 나는 깨어 있었다. 벌써 며칠째이다. 나는 컴퓨터도 없다. 집에 전화기도 없으면서 휴대 전화도 없다. 그런 것쯤은 없어도 아무 불편이 없다. 그러나 MP3는 꼭 갖고 싶다. 내가 좋아하는 음악을 가득 넣어 놓고 언제나 친구처럼 꺼내어 듣고 싶다. 반짝이는 MP3를 주머니 속에 넣고, 이어폰을 꽂고 길을 걷는 내 모습은 생각만 해도 근사하다. 그것을 사 달라는 말을 나는 며칠째 입속에 넣고 있는 것이다.

"할 말 있으면 저녁에 해. 오늘은 일찍 들어올 테니까."

아버지는 벌써 웃옷을 걸치고 있었다.

"다녀오세요, 아버지."

나는 벌떡 일어나 늘 하던 말끝에 '아버지'를 매달았다. 말할 수 있는 기회가 생긴 것만 해도 대단한 일이기 때문이다.

"야호!"

나는 괜히 **기분**이 좋아졌다. 며칠 만에 맛있는 아침밥을 먹었다. 라디오에

한자 익히기

| 氣分 기분 | 대상·환경 등에 따라 마음에 절로 생기며 한동안 지속되는, 유쾌함이나 불쾌함 등의 감정. |

氣	分	氣分	氣分	氣分	氣分
기운 기 (보낼 희)	나눌 분 (푼 푼)				

서 들리는 음악이 상쾌하고 목소리도 싱그러웠다. 가뿐한 마음으로 설거지도 끝냈다.

"아버지, 저도 친구가 필요하거든요. 아주 좋은."

나는 벽에 걸린 거울을 보며 아버지에게 할 말을 연습해 보았다. '아주 좋은'이라고 말할 때는 엄지를 치켜세웠다. 기분 만점이었다. 나는 모처럼 휘파람을 불면서 다른 날보다 일찍 학교로 갔다.

"와, 무지무지하게 크다!"

밀걸레를 빨기 위해 수돗가에 갔을 때 저만치 야생화 꽃밭에서 형구의 목소리가 들렸다.

형구는 우리 반에서 MP3를 갖고 있는 세 사람 중에 하나이다. 그리고 내가 미워하는 사람 중에 단 한 사람이기도 하다. 내가 형구를 미워하는 것은 MP3를 갖고 있어 시기해서가 아니라 형구가 몹시 약을 올리며 놀리기 때문이다.

"아무리 우겨 봐도 어쩔 수 없네. 저기 개똥 무덤이 내 집인 걸……."

한자 익히기

音樂 음악	박자, 가락, 음성 등을 갖가지 형식으로 조화하고 결합해서, 목소리나 악기를 통해 사상 또는 감정을 나타내는 예술.

音 소리 음 (그늘 음)	樂 노래 악 (즐길 락(낙) 좋아할 요)	音樂	音樂	音樂	音樂

아예 〈개똥벌레〉 노래까지 불러 가며 코앞에서 날름댄다. 종이비행기 꽁무니에 빨간 크레용 칠을 해 날리면서 노래를 부른다.

야생화 꽃밭도 우리 반 청소 구역이다. 형구는 청소는 뒷전이고 풀벌레 잡는 데 정신이 팔려 있다.

나는 속으로 다행이다 싶다. 잘 가꾸지 않아서 잡초가 우거지기는 했지만 조금만 눈여겨보면 홍시 빛으로 익어 조롱조롱 매달려 있는 꽈리를 볼 수 있을 것이다. 쓸데없이 호기심만 살아 있는 형구는 무조건 그것을 따고야 말 것이다. 금방 버릴 거면서.

꽈리는 할머니가 좋아했던 화초이다. 반지하 방에 살면서도 플라스틱 양동이 가득 꽈리를 심어 양지바른 곳에서 키우던 할머니였다.

틀니가 없으면 호물호물한 할머니 입인데도 어떻게 뽀드득뽀드득 꽈리를 불었을까? 할머니가 꽈리를 키우던 것은 아무리 생각해도 모를 일이다.

나는 형구가 보기 전에 얼른 밀걸레를 박박 빨아 물기를 빼면서 교실로 들어왔다. 그러나 마음 한쪽은 야생화 꽃밭에 가 있었다.

청소가 끝나자마자 아이들은 신발 밑창에 바퀴를 달아 놓은 것처럼 빠르게 사라졌다. 교실은 한순간에 텅 비었다. 모두 학원으로 갈 것이다. 그러나 내가 갈 곳은 집밖에 없다. 학교에서 하는 방과 후 수업이 있긴 하지만 나는 하나도 듣는 게 없다. 할머니가 돌아가시고 난 뒤부터 빨래며 청소가 매일매일 밀려 있었기 때문이다.

한자 익히기

| 敎室 교실 | 유치원, 초등학교, 중·고등학교에서 학습 활동이 이루어지는 방. |

| 敎 | 室 | 敎室 | 敎室 | 敎室 | 敎室 |
| 가르칠 교 | 집 실 | | | | |

나는 가방을 메고 야생화 꽃밭으로 갔다. 아무래도 꽈리가 걱정되었기 때문이다.

"찌르륵찌르륵……."

잡초와 야생화가 분간이 안 되는 꽃밭에서 이름 모를 풀벌레들이 울었다. 문득 쳐다본 하늘이 높고 푸르렀다. 스쳐 가는 바람이 서늘했다. 절로,

'가을이구나.'

하는 생각이 들었다.

나는 키 큰 바랭이 줄기를 이리저리 헤쳤다.

"푸르륵푸르륵……."

숨어 있던 풀벌레들이 깜짝 놀라 날아올랐다. 헤쳐진 바랭이 줄기 사이로 꽈리 줄기가 보였다. 한 개, 두 개, 세 개, 총총총 홍시 빛으로 익은 꽈리를 매달고 줄줄이 서 있었다. 나는 줄기 하나를 툭 꺾었다. 밑부분은 단단해서 잘 꺾였다. 문득 형구가 따기 전에, 다른 아이들이 따기 전에 내가 먼저 따야겠다는 생각이 들었기 때문이다. 할머니 얼굴이 갑자기 크게 떠올랐기 때문이다.

"어? 이건?"

헤쳐진 바랭이 줄기 사이로 반짝이는 것이 보였다. MP3였다. 이어폰이 달린 그대로였다. 형구 것이 분명했다. MP3를 가진 세 사람 중에 형구만 보였으니까. 가슴이 떨렸다.

'이걸 어떻게 하지?'

한자 익히기

雜草 잡초 — 잡풀. 가꾸지 않아도 저절로 나서 자라는 여러 가지 풀.

雜	草
섞일 잡	풀 초

머릿속이 복잡해지기 시작했다.

'녀석이 찾지 못하게 잡초들을 오므려 놓을까?'

'아니야. 밤새 비라도 내리면? 아니, 이슬만 맞아도 안 돼.'

'전화해 줄까?'

안 될 말이다. 전화를 해 주었다가는 무슨 트집을 잡을지 모를 일이다.

'가져가자. 하룻밤만 듣고 내일 아침 일찍 갖다 두는 거야. 쥐도 새도 모르게. 아버지가 나올 때쯤 나오면 아무 문제없어.'

'아니, 지금이라도 형구 녀석이 헐레벌떡 뛰어오고 있을지도 몰라. 아니면 밤중에라도.'

별의별 생각이 다 들었지만 나는 이미 MP3를 주머니에 집어넣고 있었다. MP3는 처음부터 내 것인 것처럼 아주 매끄럽게 주머니 속으로 들어갔다.

나는 꽈리 줄기를 가방 속에 넣고 뒤꿈치를 들듯 야생화 꽃밭을 빠져나왔다. 운동장에서 공을 차는 아이들이 여럿 있었지만 1, 2학년 조무래기들이었다.

한자 익히기

學年 학년	1년간의 학습 과정의 단위.			
學 배울 학 (가르칠 교)	年 해 년(연)	學年	學年	學年

아버지가 아무리 빨리 와도 6시는 되어야 한다. 집에 도착하니 5시도 안 되었다.

나는 책가방에서 꽈리 줄기를 꺼내 할머니가 즐겨 쓰던 작은 거울에 걸어 두고 주머니에서 MP3를 꺼냈다. 벌써 내 손에 알맞게 길들어져 있었다.

'설마, 내가 아는 음악이 하나도 없는 건 아니겠지.'

나는 이어폰을 폼 나게 꽂고 전원을 눌렀다.

"으응!"

첫 곡부터 내가 아는 음악이었다.

'녀석, 음악 하나는 나하고 통하는가 보네.'

나는 볼륨을 크게 하고 엉덩이를 뭉그적거리며 뒤로 물러났다. 거울에서 멀어져 벽에 등을 기댔다. 작은 거울 속에 이어폰을 꽂은 내 모습이 고스란히 들어앉았다. 멋지다! 나는 보물처럼 MP3를 보듬어 쥐고 볼륨을 더 높였다. 스르르 눈이 감겼다. 온몸이 음악 속에 파묻혀 발끝이 저절로 답삭거렸다.

"강계동!"

꿈속에서처럼 아련히 아버지 목소리가 들렸다.

"강계동!"

아버지 목소리가 아주 가까이에서 들렸다. 번쩍, 눈을 떴다. 아버지는 방 한가운데 이순신 동상처럼 서 있었다. 나는 얼른 이어폰을 빼고 MP3를 다리 사이에 숨겼다.

한자 익히기

寶物 보물	썩 드물고 귀한 가치가 있는 보배로운 물건.			
寶 (보배 보) 物 (물건 물)	寶物	寶物	寶物	寶物

'아버지!'

그러나 말이 되지 않았다.

'아버지, 저도 친구가 필요하거든요. 아주 좋은.'

그 말은 한 마디도 되지 않고 입안에서만 맴돌았다.

아버지의 넓적한 손이 내게로 내려왔다. 나는 재빨리 얼굴을 다리 사이에 파묻었다. 그러나 그 손은 나를 휘갈기는 손이 아니었다. 어느새 한쪽 손마저 내려와 나를 감싸 안고 있었다.

"그게 갖고 싶었니? 그래서 몇 날 며칠 그런 얼굴이었니?"

커다란 손바닥은 내 등에서, 목덜미에서 용광로처럼 이글거리고 있었다.

"빌려 온 거니, 그냥 가져온 거니?"

용광로에서 쇳물이 녹듯 내 마음 깊은 곳에서 눈물이 흘러내렸다. 그리고 내 머리에도 뚝뚝 떨어졌.

한참의 시간이 흘렀다. 아버지는 장롱 문을 열더니 작은 상자 하나를 꺼내 왔다.

"할머니 생각이 났니?"

아버지가 작은 거울에 걸려 있는 꽈리 줄기도 가져오면서 물었다.

"그래, 이 세상에서 네 할머니만큼 훌륭한 분은 없지."

한자 익히기

時間 시간	어떤 시각에서 어떤 시각까지의 사이. 또는 시간의 어느 한 시점. 또는 하루의 24분의 1이 되는 동안을 세는 단위.

時	間	時間	時間	時間	時間
때 시	사이 간				

아버지가 꽈리를 들여다보더니 작은 상자의 뚜껑을 열었다. 그 속에는 털실로 짠 장갑 한 켤레가 들어 있었다.

손가락 다섯 개가 있는 장갑이 아니었다.

"네게 참 부끄러운 일이지만, 나는 네가 태어날 때까지 남의 주머니를 터는 소매치기였단다. 지금도 마음만 먹으면 너를 이렇게 반지하 방에 살게 하지 않지. 그러나 네 할머니는 아무 말씀도 없이 이 장갑 한 켤레로 오늘의 나를 만들었단다."

아버지가 장갑을 꺼내 양손에 꼈다.

엄지손가락도 없는 민벙어리 장갑이었다.

"할머니는 내 더러운 손을 이 따뜻한 털실 안에 가두어 버렸단다. 손가락 다섯 개를 하나로 만들어 버렸지. 이 장갑을 받은 날 난 세상에서 태어나서 가장 많은 눈물을 흘렸어. 그때부터 이 장갑 안에 든 내 손은 공사판 같은 데서 정직한 일만 했지. 그리고 할머니가 꽈리를 좋아하셨던 것은 네 어머니가 꽈리를 좋아했기 때문이란다. 네 어머니는 내가 빨갛게 익은 꽈리를 따 줄 때 **제일** 좋아했지. 매몰차게 말씀은 하셨지만 할머니는 네 어머니를 몹시 기다리셨단다. 언젠가 돌아올 것이라고 믿고 계셨지."

아버지는 따뜻한 손으로 나를 일으켜 세웠다. 다리 사이에 끼여 있던 MP3가 툭 떨어졌다.

"고이 주워라. 그리고 가자. 너와 내가 그 주인 앞에 무릎을 꿇더라도 오늘

한자 익히기	
第一 제일	여럿 가운데서 첫째가는 것. 또는 여럿 가운데 가장.
第 一 차례 **제** 한 **일**	第一 第一 第一 第一

이것을 돌려주자."

반지하에서 올라온 바깥은 어둑어둑 어두워지고 있었다. 풀숲도 없는데 어디선가에서 귀뚜라미가 울었다.

형구네 집으로 가는 큰길로 접어들었다.

나는 한 손에는 형구의 MP3를, 또 한 손으로는 아버지의 커다란 손을 잡고 작은 소리로 말했다.

"아버지, 저도 친구가 필요하거든요. 아주 좋은."

"그래, 내가 잘못했구나. 이제부터 내가 네 친구가 되어 줄게. 아주 좋은."

아버지는 내 말을 무엇으로 들었는지 내 손을 잡은 손에 더욱 힘을 주었다.

"아이 참, 그게 아니고요!"

나는 목소리를 높이면서 아버지 손을 힘껏 흔들었다.

한자 익히기

親舊 친구	가깝게 오래 사귄 사람.

親 (친할 친)	舊 (예 구)	親舊	親舊	親舊	親舊

한자 성어와 속담 익히기

'부자유친(父子有親)'이란 가정 윤리의 실천 덕목인 오륜(五倫)의 하나로, 부모는 자식에게 인자하고 자녀는 부모에게 공경과 섬김을 다하라는 말입니다.

〈민벙어리 장갑〉에 담긴 교훈

한자 성어 '부자유친'이란 아버지와 아들 사이의 도리는 친애(親愛)에 있다는 말입니다. 친애란 친밀히 사랑함을 이르는 말입니다.

그런데 "부모가 온효자 되어야 자식이 반효자"라는 속담은 부모가 착해야 효자가 난다는 말입니다. 또한 "한 부모는 열 자식을 거느려도 열 자식들은 한 부모를 못 거느린다"는 속담은 자식이 많아도 부모는 잘 거느리고 살아가나 자식들은 그렇지 못하다는 말입니다. 이 속담들은 부모와 자녀의 애정 차이를 말해 줍니다. 이런 부모의 지극한 사랑은 자녀에게 거울이 되어 반사적인 감동을 줍니다.

 같은 뜻을 가진 한자 성어

사친이효(事親以孝)

신라 화랑(花郞)의 다섯 가지 계율(戒律)인 세속 오계(世俗五戒)의 하나로, 어버이 섬기기를 효도로써 함을 이르는 말입니다.

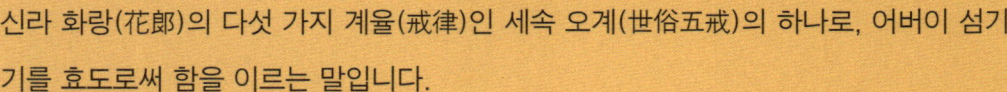 반대 뜻을 가진 한자 성어

골육상쟁(骨肉相爭)

뼈와 살이 서로 다툼을 뜻하며, 아버지와 아들, 형제, 같은 민족끼리 서로 심하게 다툼을 말합니다.

'부자유친'에 담긴 이야기

《맹자(孟子)》에 나오는 '부자유친'은 유교(儒敎) 도덕(道德)의 바탕이 되는 세 가지 강령(綱領)과 다섯 가지의 인륜(人倫)을 이르는 '삼강오륜(三綱五倫)' 중에 하나입니다. 인륜이란 사람으로서 지켜야 할 도리를 이르는 말입니다.

삼강은 유교 도덕에서 세 가지 뼈대가 되는 줄거리인데, 임금과 신하, 남편과 아내, 부모와 아들이 마땅히 지켜야 할 도리로, 군위신강(君爲臣綱), 부위부강(夫爲婦綱), 부위자강(父爲子綱)입니다.

오륜은 유교 실천(實踐) 도덕에서 기본이 되는 다섯 가지의 인륜인데, 부자유친과 군신유의(君臣有義: 임금과 신하의 도리는 의리에 있다), 부부유별(夫婦有別: 부부 사이에는 서로 침범치 못할 인륜의 구별이 있다), 장유유서(長幼有序: 어른과 어린이 사이에는 차례와 질서가 있다), 붕우유신(朋友有信: 벗의 도리는 믿음에 있다)입니다.

父
아버지(아비) 부

부수: 아비부(父, 4획)

우(又: 손)와 곤(丨: 회초리)이 합해진 글자로, 곤(丨: 회초리. 여기서는 가족을 다스리는 지배권을 나타냄)으로 자식을 훈계하는 엄한 아버지라는 뜻이 합해져서, '아버지(아비)'라는 뜻을 나타냄.

한자어
- 父母(부모): 어버이. 아버지와 어머니.
- 父兄(부형): 아버지와 형.

1단계 획순 따라 한자 쓰기

획순(총 4획)	ノ ハ グ 父
父 아버지(아비) 부	

2단계 훈(새김, 뜻)과 음(소리) 함께 쓰기

아버지(아비) 부

3단계 스스로 써 보기

아들 자

부수: 아들자(子, 3획)

어린아이가 두 팔을 벌리고 있는 모습을 본뜬 글자로, '아들'이라는 뜻을 나타냄. 음을 빌어 십이지(十二支)의 첫째 글자로 씀.

한자어
- 子孫(자손): 아들과 손자. 또는 후손(後孫).
- 子正(자정): 밤 12시.

🖊 1단계 획순 따라 한자 쓰기

획순(총 3획)	ㄱ 了 子			
子 아들 자				

🖊 2단계 훈(새김, 뜻)과 음(소리) 함께 쓰기

아들 자				

🖊 3단계 스스로 써 보기

有 있을 유

부수: 달월(月, 4획)

뜻을 나타내는 달월(月: 초승달)과 음을 나타내는 우(又)의 변형이 합해진 글자로, 손에 고깃덩어리(月)를 갖고 있다는 의미에서, '있다'라는 뜻을 나타냄.

한자어
- 有信(유신): 믿음성이 있음.
- 有學(유학): 학식(學識)이 있음.

1단계 획순 따라 한자 쓰기

획순(총 6획): ノ ナ 大 冇 有 有

있을 유

2단계 훈(새김, 뜻)과 음(소리) 함께 쓰기

있을 유

3단계 스스로 써 보기

친할 친

부수: 볼견(見, 7획)

뜻을 나타내는 볼견(見: 보다)과 음을 나타내는 친(亲: 많은 나무가 포개어 놓여 있다는 의미)이 합해진 글자로, 나무처럼 많은 자식들을 부모가 보살핀다(見)는 뜻이 합해져서, '친하다'라는 뜻을 나타냄.

한자어
- 親交(친교): 친밀(親密)하게 사귀는 교분(交分).
- 親庭(친정): 결혼한 여자의 부모 형제 등이 살고 있는 집. 본가(本家).

1단계 획순 따라 한자 쓰기

획순(총 16획)	` ｀ 亠 立 产 产 辛 亲 亲 亲 亲 亲 亲 亲 親 親
親 친할 **친**	

2단계 훈(새김, 뜻)과 음(소리) 함께 쓰기

| 친할 **친** | | | | | |

3단계 스스로 써 보기

배운 한자 복습하기

父 의 뜻은 ☐ 이며 ☐ 라고 읽습니다.

子 의 뜻은 ☐ 이며 ☐ 라고 읽습니다.

有 의 뜻은 ☐ 이며 ☐ 라고 읽습니다.

親 의 뜻은 ☐ 이며 ☐ 이라 읽습니다.

창의 쑥쑥 문장 만들기

예문) 내 짝꿍은 아버지와 **부자유친** 관계여서 무척 부럽습니다.

짧은 글 짓기

짧은 글 짓기

긴 문장 만들기

❂ '부자유친'에 대한 '한자 카드'는 147쪽에 있습니다.

빨간 우체통

　작은 바닷가 마을에 마을보다 큰 숲이 있습니다. 몽돌로 된 아름다운 해수욕장이 있지만 **태풍**만 오면 마을을 휩쓰는 바닷바람을 막으려고 옛날, 옛날에 살던 사람들이 만든 숲입니다. 사람들은 반달처럼 생긴 숲이라고 해서 '반달숲'이라고 불렀습니다. 숲 가운데로는 맑은 물이 흐르는 도랑도 하나 있고 들머리에는 돌장승도 두 개나 세워져 있습니다. 할아버지 장승과 할머니 장승입니다. 얼마나 오래전에 세웠는지 장승 몸에는 하얗게 돌꽃도 피고 파랗게 돌이끼도 끼었습니다. 안 그래도 못생긴 얼굴은 한참을 들여다보아야 눈이 보이고 입이 보였습니다. 아주 옛날에는 서낭당과 함께 마을의 수호신으로 술과 떡을 얻어먹기도 했지만, 이제는 아무도 알아주지 않는 그냥 돌장승입니다. 요즘 들어서는 더욱 그랬습니다.

한자 익히기

颱風 태풍	북태평양 서남부에서 발생해 아시아 대륙 동부로 불어오는, 폭풍우를 수반한 맹렬한 열대저기압.
颱 태풍 **태**　風 바람 **풍**	颱風　颱風　颱風　颱風

몽돌해수욕장과 반달숲이 세상에 알려지면서 사람들이 사시사철 몰려들었습니다. 그래서 들머리 장승 곁으로 이런저런 가게들이 하나둘 들어섰습니다. 그리고 **읍내** 우체국에서는 숲과 바다가 아름다운 마을에서 그립고 그리운 사람들에게 편지를 많이 보내라고 우체통 하나를 세웠습니다. 빨간 우체통이었습니다. 빨간 우체통은 할머니 장승 바로 옆에 세워졌습니다. 금방 페인트 칠을 한 것처럼 반질반질 빨간 윤이 났습니다.

"아유, 냄새야."

할머니 장승이 문드러진 코를 벌렁거리며 말했습니다.

"뭐시, 어디서 요런 불여우 같은 기 왔능가?"

할아버지 장승이 있는 둥 마는 둥 한 눈을 찡그리며 말했습니다.

"세상 오래 살다 보니 별 희한한 걸 다 보겠구만."

할아버지 장승과 할머니 장승은 빨간 우체통이 영 마음에 들지 않았습니다.

"저것 봐, 저 빨강 불여우 같은 기 종이를 마구 먹는구만. 저런, 저런!"

어느 날 할아버지 장승이 못 볼 것을

한자 익히기

邑內 읍내	읍의 구역 안.

邑	內	邑內	邑內	邑內	邑內
고을 **읍** (아첨할 **압**)	안 **내** (들일 **납**)				

본 것처럼 큰 소리로 말했습니다.

"그러네, 그러네!"

할머니 장승도 맞장구를 쳤습니다. 정말 그랬습니다.

빨간 우체통은 길쭉하게 뚫린 입으로 사람들이 넣어 주는 종이를 닥치는 대로 먹고 있었습니다.

편지였습니다. 사람들은 봄, 여름, 가을, 겨울 몽돌해수욕장과 반달숲의 아름다움을 적어 그리운 사람, 보고 싶은 사람에게 편지를 보냈습니다. 분홍색 편지도 있고, 하얀색 편지도 있고, 예쁜 엽서도 있었습니다.

"세상에, 세상에!"

할아버지 장승과 할머니 장승은 혀만 끌끌 찼습니다.

그러나 그것도 잠시였습니다.

하루에도 수십 통씩 우체통에 편지를 넣던 손길이 뚝 끊어졌습니다.

"촌스럽게 편지는 웬 편지……."

반바지를 입고 챙 넓은 모자를 쓴 사람들은 휴대 **전화**로 할 말 다하고 두두두두 틱틱틱, 문자로 할 말을 다 만들어 보냈습니다. 웬

한자 익히기	
電話 전화	전화기(電話機). 말소리를 전파나 전류로 바꾸었다가 다시 말소리로 환원시켜 공간적으로 떨어져 있는 사람이 서로 이야기할 수 있게 만든 기계.

電	話	電話	電話	電話	電話
전화 전 (번개 전)	말씀 화				

그림엽서는요, 휴대 전화와 인터넷으로 사진까지 멋있게, 눈 깜짝할 사이에 다 보냈습니다. 배가 불룩한 아저씨도, 머리카락이 희끗희끗한 아저씨도.

우체통은 할 일이 없어졌습니다.

"맹탕 굶고 있네. 우리야 먹을 입이 없어서 아무것도 못 먹지만, 구멍 뚫린 입과 뚱뚱한 배를 가지고 아무것도 안 먹고 어떻게 살 수 있을까?"

할아버지 장승과 할머니 장승은 걱정이 이만저만이 아니었습니다. 반질반질 빨간 윤이 나던 우체통은 얼룩이 지고 새까맣게 때를 뒤집어썼습니다. 날이 갈수록 할아버지 장승과 할머니 장승을 닮아 가고 있었습니다.

"일성호가 돌아오지 않았어. 명호네 배야!"

벼가 누렇게 익을 무렵에 바다와 마을을 할퀴고 간 태풍은 반달숲 나무의 절반을 뚝뚝 부러뜨려 놓고 갔습니다. 들판의 벼를 반이나 드러눕혀 놓고, 과일이란 과일은 모조리 떨어뜨려 놓고 갔습니다. 그리고 고기잡이 나갔던 배 한 척을 집어삼켰습니다. 명호 아저씨는 서른다섯 살 노총각입니다. 어엿이 '일성호'라고 이름을 붙인 통통배도 가지고 있지만 앞 못 보는 일흔두 살 어머니, 논실댁 때문에 아직도 총각입니다. 읍내 우체국에 다니는 명호 아저씨, 고추 친구 도식이 아저씨는 초등학교에 다니는 아들딸이 있는데 말입니다.

"이제 논실댁은 어떻게 하지?"

"아이구, 명호 같은 효자가 없었는데……."

한자 익히기

孝子 효자	부모를 잘 섬기는 아들.

孝	子
효도 효	아들 자

孝子 孝子 孝子 孝子

마을 사람들은 가슴마다 하나씩 걱정을 나누어 가졌습니다. 그리고 논실댁에게는 명호 아저씨가 바다에서 돌아오지 않았다고 아무도 말하지 않기로 했습니다. 먼 나라로 더 큰 고기를 잡으러 갔다고 했습니다. 부자가 되어 돌아온다고 했습니다. 예쁘고 착한 색시를 데리고 온다고 했습니다.

　"그래도 그렇지. 착한 우리 명호가 나한테 말 안 하고 갈 리가 없지. 그것도 이 바람 심한 날에."

　"걱정하지 마세요, 어머니. 명호가 이렇게 편지를 보내왔는데요."

　도식이 아저씨는 일주일에 한 번씩 빨간색 오토바이를 타고 논실댁에게 들렀습니다. 그리고 또록또록 명호 아저씨 목소리로 편지를 읽었습니다.

　어머니!

　뵙지도 못하고 떠나와서 많이 걱정하셨지요? 그날 고기를 잡으러 나갔는데 어마어마하게 큰 고기 떼를 만났지요. 낚시도, 그물도 필요 없었어요. 갈고리로 마구 찍어 올렸지요. 그래도 고기 떼는 그대로 있어 나중에는 내 배가 고기 떼에 턱 얹히게 되었지요. 그랬더니 이 녀석들이 고래보다 빠르게 나를 어느 섬으로 데려다 주었지요. 너무너무 아름다운 섬이었어요. 나무마다 예쁘고 향기로운 꽃이 피어 있고, 맛있는 열매가 가지가 휘어지도록 달려 있었어요. 맛은 또 얼마나 좋은지. 빨리 어머니를 이곳으로 모셔 오고 싶어요. 어머니뿐만 아니라 우리 마을 어른들 모두 모셔 오고 싶어요. 오늘은 이만 줄여요.

한자 익히기

富者 부자	재물이 많아 살림이 넉넉한 사람.

富 부유할 부	者 사람 자 (놈 자)	富者	富者	富者	富者

어머니, 건강하게 잘 계십시오. 우리 도식이가 편지 잘 전해 주고 어머니에게 잘할 거예요.

"이게 정말이던가?"
논실댁이 환한 얼굴로 물었습니다.
"정말이지요. 어머니, 이제 조금만 기다리시면 명호 있는 데로 가실 수 있을 거예요."
"그런데 이 편지는 어데서 오남?"
도식이 아저씨는 갑자기 말문이 막혔습니다. 그러다가 얼결에 말했습니다.

한자 익히기

便紙 편지	안부, 소식, 용무 등을 적어 보내는 글.

便 소식 편 (똥오줌 변)	紙 종이 지	便紙	便紙	便紙	便紙

"저기, 반달숲 들머리에 벅수 있지요? 영감 벅수, 할미 벅수."

"있지, 나란히 있지."

"그 곁에 우리 우체국에서 빨간 우체통 하나를 갖다 뒀는데, 거기서 오지요. 명호가 그리로 보내지요."

"오, 그렇구나. 그러면 거기 가서 명호에게 할 말을 해도 되는강?"

"그러믄요. 그러믄요."

도식이 아저씨는 기분 좋게 말했습니다.

그러나 그게 잘못이었습니다. 도식이 아저씨가 다녀간 다음날이면 어김없이 논실댁은 빨간 우체통을 찾았습니다.

집에서 반나절 길을 걸어와 물어물어 우체통을 찾아서는 그냥 끌어안고 반울음 목소리로 말했습니다.

"그래. 야, 니 편지 잘 받았데이. 도식이가 가지고 와서 잘도 읽어 주더레이. 살아 있다니 참 좋데이. 고느무 고기 떼가 고맙기도 하지. 고맙기도 하지. 그리고 날 빨리 데리고 가도고. 내사 마, 니를 보면 심 봉사처럼 번쩍, 눈을 뜰 것 같고나. 어이구, 우리 명호야. 명호야!"

논실댁은 빨간 우체통을 탕탕 치면서 아들의 이름을 마음 놓고 불렀습니다.

"아이고 시끄러워라. 웬 할마시가 이리 난리고?"

할아버지 장승이 다시 한 번 있는 둥 마는 둥한 눈을 껌뻑거리며 말했습니다.

"그게 아니구만. 무슨 **사연**이 있구만도. 에이구, 여자란 그저 사연 덩어리

한자 익히기

| 事緣 사연 | 일의 앞뒤 사정과 까닭. |

事	緣
일 **사**	인연 **연**

事緣　事緣　事緣　事緣

라니까. 듣고 보니 고노무 고기 떼가 무신 고마운 일을 했는지, 빨리 명호가 할마시를 데리고 가야겠구만. 이 눈먼 할마시가 심 봉사처럼 눈을 번쩍 뜨게."

할머니 장승은 가슴 한 켠이 따뜻해졌습니다. 어떻게 해서라도 할머니를 도와주고 싶었습니다. 그러나 마음뿐, 사실은 입도 한번 달싹이지 못했습니다.

명호 아저씨의 편지는 일주일에 한 번씩 꼬박꼬박 왔습니다. 도식이 아저씨의 빨간 오토바이를 타고.

어머니!

이제 날씨가 쌀쌀해지지요? 나뭇잎이 떨어진 반달숲과 가을걷이가 끝난 들판을 안고 옹기종기 모여 있는 우리 마을이 눈에 선합니다. 마을 사람들이 어머니를 잘 모셔 주신다니까 고맙기 그지없습니다. 이곳은 사시사철 여름인 것 같아요. 언제나 꽃이 피고 열매가 주렁주렁 열리니까요. 생각 같아서는 애써서 고기 잡고 **농사** 짓는 우리 마을 사람들을 전부 여기로 모셔 오고 싶어요. 저는 여기서 사람들에게 농사짓는 법을 가르치고 있어요. 이곳 사람들은 과일만 먹고살거든요. 그리고 지금 예쁘고 착한 색싯감도 고르는 중이에요. 어머니, 모시러 갈 때까지 건강하게 잘 계십시오.

따뜻한 섬나라에서
아들 명호 올림

한자 익히기

農事 농사	곡류, 과채류 등의 씨나 모종을 심어 기르고 거두는 등의 일.
農 事 농사 **농** 일 **사**	農事 農事 農事 農事

도식이 아저씨는 도랑물 같은 목소리로 정성껏 편지를 읽었습니다.

"어머니, 참 좋으시겠어요. 예쁘고 착한 며느리도 맞게 될 테니까요."

"하모, 하모! 좋다마다. 얼른얼른 보고 싶구만도."

논실댁은 덩실덩실 춤이라도 추고 싶었습니다.

그런데 문제가 생겼습니다. 어느 날 갑자기 읍내 우체국에서 반달숲의 우체통을 철거해 버린 것입니다. 자꾸 녹이 슬어 가는데다 이제 사람들의 **이용**도 거의 없다는 것이 이유였습니다. 나쁜 사람들이 심심하면 쓰레기를 집어넣는가 하면 어느 바닷가 우체통에는 말벌이 집을 지어 사람을 다치게 했다는 소식이 들렸기 때문이기도 했습니다.

논실댁이 우체통을 찾아가는 것을 까맣게 모르고 있는 도식이 아저씨는 또 한 통의 편지를 전했습니다. 빨간 오토바이를 타고.

어머니!

그곳엔 벌써 눈이 내리겠지요? 어머니가 짜 주신 털장갑을 끼고 눈사람을 만들던 어린 시절을 생각하니 어머니가 더욱 그립습니다. 이곳은 아예 눈이 없으니까요. 도식이 편에 그곳 소식은 잘 듣고 있습니다. 어머니 소식도요. 참 고마운 마을 사람들이지요? 제가 꼭 그 은혜를 갚겠습니다. 어머니는 제 걱정을 손톱만큼도 안 하시는 게 마을 사람들의 마음을 편하게 해 드리는 것이겠지요. 그럼 오늘도 기쁘고 즐거운 일이 가득가득 쌓이길 바라면서 아들 명호가 드립니다.

한자 익히기

| 利用 이용 | 대상을 필요에 따라 이롭게 씀. |

利	用	利用	利用	利用	利用
이로울 이(리)	쓸 용				

논실댁은 또 길을 나섰습니다. 명호 아저씨 말대로 눈이 내리려는지 하늘은 낮게 내려앉아 있고, 겨울 날씨 같지 않게 바람도 곤히 잠자고 있었습니다.

아니나 다를까, 논실댁이 마을을 벗어났을 때쯤 고요하던 하늘에서 눈이 내리기 시작했습니다. 사락사락, 싸락눈으로 내리더니 순식간에 솜덩이만 한 함박눈으로 바뀌었습니다. 그러나 아무도 논실댁의 발걸음을 막을 수 없었습니다. 반나절 걸리던 길이 한나절이나 걸렸습니다.

"저길 봐, 논실댁이잖아!"

할아버지 장승이 있는 둥 마는 둥한 눈을 크게 뜨며 말했습니다.

"논실댁이라고요? 에구구, 이처럼 함박눈 오시는 날에 또 무슨 이야기를 하려고 오시지? 그러나저러나 이제 빨간 우체통이 없어졌으니 어떻게 하지요?"

한자 익히기

瞬息 순식	순식간(瞬息間). 눈을 한 번 깜짝하거나 숨을 한 번 쉴 만한 아주 짧은 동안.

| 瞬 깜짝일 순 | 息 쉴 식 | 瞬息 | 瞬息 | 瞬息 | 瞬息 |

그랬습니다. 저렇게 함박눈 속을 비틀거리며 오는데 우체통이 없으면 어떻게 될지 할아버지 장승도, 할머니 장승도 가슴이 탔습니다. 논실댁은 점점 가까워지고 있었습니다.

　"무슨 좋은 수가 없을까요?"

　할머니 장승이 동동 구르는 목소리로 말했습니다.

　"좋은 수는 무슨 좋은 수. 손도 발도 없이 달랑 얼굴 하나로 사는 우리가 무슨 수를 쓸 수 있겠소?"

　할아버지 장승의 목소리에도 안타까움이 묻어 있었습니다. 논실댁의 모습이 바로 눈앞에 왔습니다. 논실댁은 손을 내밀어 더듬기 시작했습니다.

　"이것 참 큰일이로고. 우리 이러고 있을 게 아니라, 어서 천지신명께 빌어 봐요. 잠시 동안이라도, 논실댁이 있을 때만이라도 빨간 우체통이 있게 해 달라고요."

　급한 나머지 할아버지 장승과 할머니 장승은 두 눈을 깊이 감고 정성껏 빌었습니다.

　"천지신명이시여, 잠시 동안이라도, 논실댁이 있을 때만이라도 우체통이 있게 해 주십시오. 비나이다, 비나이다. 우리가 이렇게 태어나서 몇 **백 년** 만에 처음으로 비나이다, 비나이다."

　"어이구, 명호야, 니 말대로 눈이 온데이. 함박눈이 온데이."

　두 눈을 깊이 감고 있던 할머니 장승은 깜짝 놀랐습니다. 논실댁의 차갑고

한자 익히기

百年 백 년	썩 많은 햇수(햇數)나 세월(歲月). 한 해의 백 배. 일백 년.

百	年	百年	百年	百年	百年
일백 **백**	해 **년(연)**				

차가운 손이 자기를 끌어안고 반 울음의 목소리로 답장을 시작하는 것입니다. 차가운 손이지만 그 손이 닿는 곳마다 햇볕 쨍쨍 쬐는 여름처럼 뜨거웠습니다.

"나도 어릴 때 니 생각을 하니 더욱 니가 보고 싶구나. 그리고 고맙데이, 고맙데이, 모두모두 고맙데이······."

할아버지 장승은 있는 둥 마는 둥한 눈을 번쩍 떴습니다.

"아니? 아니!"

할아버지 장승은 말을 이을 수가 없었습니다. 조금 전까지 자기 곁에서 걱정하던 할머니 장승이 빨간 우체통으로 변해 있었기 때문입니다. 반질반질 빨간 윤이 나는 빨간 우체통으로 변해 있었기 때문입니다.

한자 익히기

答狀 답장	회답하는 편지를 보냄. 또는 그 편지.

答	狀	答狀	答狀	答狀	答狀
대답 **답**	문서 **장** (형상 **상**)				

한자 성어와 속담 익히기

'이심전심(以心傳心)'이란 석가(釋迦)와 가섭(迦葉)이 말이나 글이 아닌 마음으로 마음에 전한다는 뜻으로, 말로 설명할 수 없는 심오(深奧)한 뜻은 마음으로 깨닫는 수밖에 없다는 말입니다. 또한 마음과 마음이 통(通)하고, 말을 하지 않아도 의사(意思)가 전달(傳達)된다는 말입니다.

〈빨간 우체통〉에 담긴 교훈

어느 날 갑자기 없어진 우체통을 대신해서 할머니 장승은 빨간 우체통이 되어 '이심전심'으로, 그 마음에 마음을 전해 주어 서로의 소식과 정을 끊이지 않게 해 주었습니다.
"마음을 잘 가지면 죽어도 옳은 귀신이 된다"는 속담이 있습니다. 착한 마음씨를 지니고 살면 죽어도 유감됨이 없음을 이르는 말입니다. 그러니 우리도 서로 마음을 통하고 저마다 남을 먼저 생각하면서 살아간다면 우리 사회는 언제나 참으로 아름다울 것입니다.

🌸 **같은 뜻을 가진 한자 성어**

심심상인(心心相印)
마음에서 마음으로 전한다는 뜻으로, 묵묵한 가운데 서로 마음이 통한다는 말입니다.

불립문자(不立文字)
불도의 깨달음은 마음에서 마음으로 전하는 것이므로 말이나 글에 의지하지 않는다는 말입니다.

'이심전심'에 담긴 이야기

송(宋)나라 스님 도언이 석가 이후 고승들의 법어를 기록한 《전등록(傳燈錄)》에 보면 석가가 제자인 가섭에게 말이나 글이 아니라 '이심전심'의 방법으로 불교의 진수를 전했다는 이야기가 나옵니다. 이에 대해서 송나라 스님 보제의 《오등회원(五燈會元)》에는 다음과 같이 적혀 있습니다.

어느 날 석가가 영산에 제자들을 모아 놓고 말없이 꽃을 들어 보이자 모두 멍하니 있는데, 가섭만이 살짝 웃었습니다. 석가의 마음이 가섭의 마음에 전해진 것입니다. 이에 석가는 가섭을 자신의 후계자로 삼았습니다.

여기서 생긴 말이 '이심전심'입니다.

以
써 이

부수: 사람인(人, 2획)

쟁기 모습을 본뜬 글자로, 사람이 연장을 사용해 밭을 갈 수 있다는 데서 '~로써', '까닭'이라는 뜻을 나타냄.

한자어
- 以前(이전): 오래 전. 그 전.
- 以後(이후): 일정한 때로부터 그 뒤. 이다음.

1단계 획순 따라 한자 쓰기

획순(총 5획): ㅣ ㇄ ㇄ 以 以

써 이

2단계 훈(새김, 뜻)과 음(소리) 함께 쓰기

써 이

3단계 스스로 써 보기

마음 심

부수: 마음심(心, 4획)

옛날 사람은 심장이 몸 한가운데 있고 모든 생각을 하는 곳으로 알아서 그 모습을 본뜬 글자로, 사람 심장에 따뜻한 마음이 있다는 의미에서, '마음'이라는 뜻을 나타냄. 부수로 쓸 때는 주로 심방변[忄(= 心, 㣺): 마음, 심장]으로 씀.

한자어
- 決心(결심): 마음을 먹음. / • 民心(민심): 백성(百姓)의 마음.

1단계 획순 따라 한자 쓰기

획순(총 4획)	丶 心 心 心			
心 마음 심				

2단계 훈(새김, 뜻)과 음(소리) 함께 쓰기

마음 심				

3단계 스스로 써 보기

傳
전할 전

부수: 사람인(亻, 2획)

뜻을 나타내는 사람인[亻(=人): 사람]과 음을 나타내는 전(專)이 합해진 글자로, 음을 나타내는 전(專)과 뜻이 통해 차례로 '전(傳)하다'라는 뜻을 나타냄. '보내다', '넓히다' 등으로도 씀.

한자어
- 口傳(구전): 말로 전(傳)함.
- 傳記(전기): 사람의 일생을 기록(記錄)한 것.

1단계 획순 따라 한자 쓰기

획순(총 13획)	ノ 亻 亻 亻 亻 伊 伊 伸 伸 伸 俥 傳 傳
傳 전할 전	

2단계 훈(새김, 뜻)과 음(소리) 함께 쓰기

傳	傳	傳	傳	傳
전할 전				

3단계 스스로 써 보기

傳				

부수: 마음심(心, 4획)

옛날 사람은 심장이 몸 한가운데 있고 모든 생각을 하는 곳으로 알아서 그 모습을 본뜬 글자로, 사람 심장에 따뜻한 마음이 있다는 의미에서, '마음'이라는 뜻을 나타냄. 부수로 쓸 때는 주로 심방변[忄(= 心, 忄): 마음, 심장]으로 씀.

한자어
- 心相(심상): 마음씨. 마음의 바탕. / • 心身(심신): 마음과 몸.

1단계 획순 따라 한자 쓰기

획순(총 4획)	丶 心 心 心				
心 마음 심					

2단계 훈(새김, 뜻)과 음(소리) 함께 쓰기

마음 심					

3단계 스스로 써 보기

배운 한자 복습하기

以 의 뜻은 ☐ 이며 ☐ 라고 읽습니다.

心 의 뜻은 ☐ 이며 ☐ 이라 읽습니다.

傳 의 뜻은 ☐ 이며 ☐ 이라 읽습니다.

心 의 뜻은 ☐ 이며 ☐ 이라 읽습니다.

창의 쑥쑥 문장 만들기

예문) 두 사람 사이에는 어느새 **이심전심**으로 우정이 싹트고 있었습니다.

짧은 글 짓기

짧은 글 짓기

긴 문장 만들기

❁ '이심전심'에 대한 '한자 카드'는 149쪽에 있습니다.

아버지의 달력

　우리 아버지는 사진을 참 잘 찍습니다. 그렇다고 사진작가는 아니지만, 아버지 친구분들은 아버지가 찍은 사진을 사진작가 뺨치는 작품이라고 말하지요. 그래서 동생과 나는 타이어 공장에서 지게차 운전을 하는 아버지를 사진작가처럼 **존경**합니다.

　아버지는 사진을 잘 찍는 만큼 컴퓨터 다루는 솜씨도 좋아, 여러 장의 사진을 하나로 만드는 기술도 대단하지요.

　아버지는 몇 해 전부터 아버지가 찍은 사진으로 달력을 만들어 친척들과 친구들에게 나누어 주고 있습니다. 그런데 그 달력의 배경과 주인공은 어느 해나 변함이 없습니다.

　할아버지, 할머니가 농사지으며 살고 있는 고성군 대가면 연지리의 산과 들

한자 익히기	
尊敬 존경	남의 인격, 사상, 행위 등을 받들어 공경함.
尊 (높을 **존**) 敬 (공경 **경**)	尊敬　尊敬　尊敬　尊敬

과 개울, 그리고 할아버지 집과 할아버지, 할머니, 그리고 돼지 복돈이, 개 복실이, 소 복순이, 닭, 염소들이지요.

　짐승 이름에 '복'자가 많이 붙은 것은 할아버지 성이 복씨이기 때문입니다.

　할아버지는 어머니가 우리 **형제**만 낳고 더 이상 동생을 낳지 않자 집에 기르는 짐승들에게 모두 복자를 붙이기 시작했습니다.

　"암만, 암만! 자손이 많아야 복을 받지. 내 복은 내가 만드는 거야."

　할아버지 복만수 씨는 마을 사람들이,

　"복 많슈 씨, 복 많슈 씨."

하고 놀리는 것처럼 불러도,

　"네, 많지요. 많고 많지요. 네네."

하고 연신 웃는 얼굴입니다.

　일 년 열두 달. 아버지가 만든 열두 장 달력에는 언제나 할아버지, 할머니가 있습니다. 일하는 할아버지, 할머니입니다.

　도끼를 어깨 너머까지 올려 장작을 패는 할아버지가 있는가 하면, 이른 아침 호박꽃 곁에서 호박꽃처럼 웃는 할머니도 있습니다. 빨갛게 고추가 익은 고추밭에서 이마를 맞대고 고추를 따는 할아버

한자 익히기

兄弟 형제	형과 아우를 아울러 이르는 말. 또는 형제와 자매, 남매를 통틀어 이르는 말.

兄	弟	兄弟	兄弟	兄弟	兄弟
형 **형**	아우 **제**				

지, 할머니도 있습니다. 하루 일을 끝내고 도랑가에 앉아 손발을 씻는 할아버지, 할머니도 있습니다. 그리고 그 곁에는 언제나 복실이가 있든지, 복순이가 있든지, 복돈이가 있습니다.

올해는 돼지해라서 유난히 복돈이가 자주 등장합니다. 돼지해 중에서 **황금** 돼지해라고 털이 하얗고 주둥이가 분홍색인 복돈이가 가늘게 웃는 모습이 구석구석에 숨어 있습니다.

"자, 일월은 할아버지가 장작 패시는 달. 할아버지의 저 힘 좀 봐! 굵은 소나무 둥치가 잘게 잘게 쪼개지잖아. 올해는 우리도 할아버지의 저 건강한 힘을 본받는 거야. 우리 몸속에 가득가득 채우는 거야."

매달 1일이 되면 우리 식구는 식탁 옆벽에 걸린 달력을 보며 할아버지, 할머니를 생각합니다. 그러니까 할아버지와 할머니는 365일 하루도 빠지지 않고 우리와 함께 살고 있지요.

12월 1일 아침이었습니다. 어머니가 달력의 11월을 넘기면서 말했습니다.

"와아, 주인공도 많네! 총출동이다. 총출동!"

그랬습니다. 12월 달력의 사진 속에는 시골집을 배경으로 할아버지, 할머니, 그리고 복돈이, 복실이,

한자 익히기

黃金 황금	누런빛의 금이라는 뜻으로, 금을 다른 금속과 구별해 이르는 말.

黃	金
누를 **황**	황금 **금** (쇠 **금**)

복순이, 닭, 염소들이 한껏 멋을 부린 자세로 서 있었습니다. 물론 아버지의 기막힌 합성 기술 때문이지요.

창고가 모자라 툇마루에까지 가득 쌓여 있는 나락 가마니, 추녀 안쪽에 오롱조롱 매달린 옥수수, 마당 귀퉁이에 서 있는 감나무에 고삐가 묶여 있는 복순이, 그 복순이 등에 나란히 앉아 있는 참새, 고개를 갸웃하고 아버지를 쳐다보고 있는 복실이, 그중에서도 제일은 두 앞발을 강아지처럼 쳐들고 할머니에게 뛰어오르는 분홍 코 복돈이였습니다.

"보기만 해도 **행복**하네!"

어머니 목소리는 겨울 아침인데도 봄꽃처럼 참 따뜻했습니다.

오늘은 12월 31일, 돼지해의 마지막 날입니다. 우리 식구는 내일 아침 일찍 새해 첫날을 할아버지, 할머니와 함께 맞이하기 위해 할아버지 댁으로 갈 것입니다.

불을 끄고 자리에 누워도 쉬 잠이 오지 않습니다. 달력 속의 얼굴들이 잠을 자지 않고 있어서인지 제멋대로의 표정들이 그냥 눈에 선합니다.

얼마나 지났을까요?

"도둑이다!"

하는 속삭이는 듯한 목소리가 들렸습니다. 할아버지 목소리였습니다. 할아버지 모습이 선명하게 떠올랐습니다. 바로 달력 속의 할아버지였습니다. 할아버지가 곁에 있는 할머니 귀에 대고 속삭이듯 말하고 있었습니다.

한자 익히기

| 幸福 행복 | 복된 좋은 운수. 생활에서 충분한 만족과 기쁨을 느끼어 흐뭇함. 또는 그러한 상태. |

| 幸 | 福 | 幸福 | 幸福 | 幸福 | 幸福 |
| 다행 **행** | 복 **복** (간직할 **부**) | | | | |

"도둑이라니요?"

할머니가 깜짝 놀라는 목소리로 말하자 사진 속의 주인공들이 모두 살아 움직이기 시작했습니다.

도둑이 든 게 분명했습니다. 햇빛이 환한 대낮에 얼굴도 멀쩡하게 생긴 도둑이 툇마루에 쌓아 둔 나락 가마니 하나를 어깨에 덜렁 둘러메더니 성큼성큼 마당을 가로질러 나오고 있었습니다.

"도둑이다, 꼬꼬꼬!"

"도둑이다, 매에에!"

닭도, 염소도 고개를 주억거리며 울었습니다.

"도둑이다, 움머어!"

복순이도 울었지만 복순이 고삐는 감나무에 묶여 있어, 고삐 길이만큼은 더 나아가지 못했습니다.

"도둑이다, 멍멍멍!"

복실이가 짖어 댔지만 어느새 슬금슬금 뒷걸음치고 있었습니다.

"저런, 저런, 저런!"

할머니가 할아버지 옷깃을 잡고 벌벌 떠는 바람에 힘센 할아버지도 어쩔 수 없었습

한자 익히기

寫眞 사진	물체의 형상을 감광막 위에 나타나도록 찍어 오랫동안 보존할 수 있게 만든 영상.

寫	眞
베낄 사	참 진

寫眞 寫眞 寫眞 寫眞

니다. 그때였습니다.

"도둑이라고? 꿀꿀꿀!"

복돈이가 궁둥이를 씰룩거리며 나락 가마니를 메고 나오는 도둑을 향해 총알처럼 달려갔습니다.

"쾅당!"

도둑과 복돈이가 부딪치는 순간 **세상**이 깜깜해지고, 나는 눈을 번쩍 떴습니다.

"할아버지, 할아버지. 도둑이 들었어요, 도둑이!"

나는 큰 소리로 외치고 있었습니다.

새해 아침이 환하게 밝아 있었습니다.

"도둑은 무슨 도둑이야. 할아버지 댁에는 경사가 났단다. 복돈이가 새끼를 열 마리나 낳았단다. 금방 전화가 왔어."

아버지의 밝은 목소리가 들려왔습니다.

"아이구, 이 달력이 왜 이렇게 무겁지?"

새 달력을 걸려고 헌 달력을 떼 내던 어머니가 끙끙 힘주는 목소리로 말했습니다.

"그건요……."

그러나 나는 더 이상 말하지 않았습니다. 도둑 아저씨가 하나, 복돈이 새끼가 열 마리 더 들어 있어서 그렇다는 것을.

한자 익히기					
世上 세상	사람이 살고 있는 모든 사회를 통틀어 이르는 말.				
世 인간 세 (대 세)	上 윗 상	世上	世上	世上	世上

한자 성어와 속담 익히기

'오대동당(五代同堂)'이란 5대가 한집에 함께 산다는 뜻으로, 화목한 가정의 행복을 맘껏 누린다는 말입니다.

〈아버지의 달력〉에 담긴 교훈

〈아버지의 달력〉에는 따뜻한 가족애가 듬뿍 담겨 있습니다.

할아버지와 아버지, 나와 아들과 손자, 이렇게 5대가 한집에서 함께 살면서 오순도순 화목한 가정의 행복을 맘껏 누린다는 한자 성어가 '오대동당'입니다. 가정이 화목하면 모든 일이 잘 되고, 공동체 중에서도 가정이 가장 중요하다는 말입니다.

"웃는 집에 복이 있다"라는 속담이 있습니다. 집안이 화목해서 늘 웃음꽃이 피는 집에는 행복이 찾아들게 된다는 말입니다. 이런 뜻이 담긴 한자 성어는 '소문만복래(笑門萬福來)'입니다. 그 입에서 웃음이 자꾸 나오면 모든 어려움은 웃음과 함께 사라지고 그 대신 기쁜 일이 찾아오게 된다는 뜻으로, 웃으면 복이 온다는 말입니다.

누구보다도 나에 대해서 잘 알고 사랑해 주고 기댈 수 있는 가족. 그래서 한 가족으로서의 집안인 가정은 학교와 사회와 나라의 기본이 되기 때문에 더욱 중요합니다.

같은 뜻을 가진 한자 성어

가화만사성(家和萬事成)
가정이 화목하면 모든 일이 잘된다는 뜻으로, 공동체 중에서도 가정이 가장 중요하다는 말입니다.

적덕지가 필유여경(積德之家必有餘慶)
조상이 덕을 쌓은 집안에는 반드시 후손에게 경사가 따른다는 뜻으로, '가화만사성'에 그 뿌리를 두고 있습니다.

'오대동당'에 담긴 이야기

조(祖: 할아버지), 부(父: 아버지), 기(己: 나)가 한집에서 함께 사는 걸 '삼대동당(三代同堂)' 또는 '삼세동당(三世同堂)'이라고 합니다. 나를 기준으로 위로든, 아래로든, 위아래로든 3대(세)가 한집에 모여 화목하게 사는 걸 말합니다.

그리고 조, 부, 기, 자(子: 아들)가 한집에서 함께 사는 걸 '사대동당(四代同堂)' 또는 '사세동당(四世同堂)'이라고 합니다. 나를 기준으로 위로든, 아래로든, 위아래로든 4대(세)가 한집에 모여 화목하게 사는 걸 말합니다.

또한 조, 부, 기, 자, 손(孫: 손자)이 한집에서 함께 사는 걸 '오대동당' 또는 '오세동당(五世同堂)'이라고 합니다.

나를 기준으로 위로든, 아래로든, 위아래로든 5대(세)가 한집에 모여 화목하게 사는 걸 말합니다.

중국 사람들의 최고 행복은 '오대(세)동당'이라고 합니다.

五

다섯 오

부수: 두이(二, 2획)

숫자(數字)는 하나에서 넷까지 선을 하나씩 늘려 썼지만 다섯으로 한 단위(單位)가 되고 선이 너무 많아져 모습을 바꿔 'X'꼴로 썼으며, '오(五)'는 나중에 모습을 갖춘 글자로, '5'라는 뜻을 나타냄.

한자어
- 五色(오색): 청(靑), 황(黃), 적(赤), 백(白), 흑(黑)의 다섯 가지 색.
- 五十(오십): 열의 다섯 곱절.

1단계 획순 따라 한자 쓰기

획순(총 4획)	一 丁 五 五			
五 다섯 오	五 五	五 五	五 五	五 五

2단계 훈(새김, 뜻)과 음(소리) 함께 쓰기

五 다섯 오	五	五	五	五

3단계 스스로 써 보기

五				

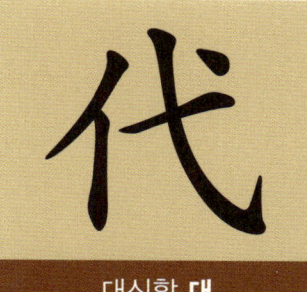

대신할 대

부수: 사람인(亻, 2획)

어떤 걸 남에게 보이려고 사람(亻) 대신 푯말(弋)을 세운 모습을 본뜬 글자로, '대신하다'라는 뜻을 나타냄.

한자어
- 交代(교대): 어떤 일을 여럿이 나누어서 차례에 따라 맡아 함.
- 時代(시대): 역사적(歷史的)으로 구분한 어떤 기간.

1단계 획순 따라 한자 쓰기

획순(총 5획)	ノ 亻 亻 代 代
代 대신할 대	

2단계 훈(새김, 뜻)과 음(소리) 함께 쓰기

대신할 대

3단계 스스로 써 보기

한자 쓰고 익히기 123!

同
한가지 동

부수: 입구(口, 3획)

여러 사람의 말(口)이 하나(一)로 모인다는 뜻이 합(合)해진 글자로, '같다', '한가지'라는 뜻을 나타냄.

한자어
- 同級(동급): 같은 등급(等級).
- 同窓(동창): 같은 학교(學校)에서 공부(工夫)를 한 관계(關係).

1단계 획순 따라 한자 쓰기

획순(총 6획)	丨 冂 冂 冋 同 同
同 한가지 동	

2단계 훈(새김, 뜻)과 음(소리) 함께 쓰기

한가지 동				

3단계 스스로 써 보기

집 당

부수: 흙토(土, 3획)

뜻을 나타내는 흙토(土: 흙)와 음을 나타내는 상(尙: 당)이 합해진 글자로, 흙을 높이 쌓아올리고 지은 큰 집이라는 의미에서, '집'이라는 뜻을 나타냄.

한자어
- 書堂(서당): 글방. 예전에, 한문을 사사로이 가르치던 곳.
- 食堂(식당): 음식을 만들어 손님에게 파는 가게.

1단계 획순 따라 한자 쓰기

획순(총 11획)	丨 丨 丷 丷 屵 屵 屵 岜 岜 堂 堂
堂	
집 당	

2단계 훈(새김, 뜻)과 음(소리) 함께 쓰기

집 당				

3단계 스스로 써 보기

배운 한자 복습하기

五 의 뜻은 ☐ 이며 ☐ 라고 읽습니다.

代 의 뜻은 ☐ 이며 ☐ 라고 읽습니다.

同 의 뜻은 ☐ 이며 ☐ 이라 읽습니다.

堂 의 뜻은 ☐ 이며 ☐ 이라 읽습니다.

창의 쑥쑥 문장 만들기

예문) 중국 사람들이 최고로 치는 행복은 바로바로 **오대동당**이라고 합니다.

짧은 글 짓기

짧은 글 짓기

긴 문장 만들기

❀ '오대동당'에 대한 '한자 카드'는 151쪽에 있습니다.

한자 카드 만들기 — 꼴찌가 받은 상

| 金 쇠(황금) 금 | 蘭 난초 란 난 |
| 之 갈 지 | 交 사귈 교 |

金蘭之交
금 란 지 교

한자 카드 만들기   갈매기 꾸꾸

| 多 많을 다 | 多 많을 다 |
| 益 더할 익 | 善 착할(좋을) 선 |

多多益善
다 다 익 선

한자 카드 만들기 도둑

甲	男
갑옷 갑	사내 남
乙	女
새 을	계집(여자) 녀 여

甲男乙女
갑 남 을 녀

한자 카드 만들기 / 촘베 아저씨

明 밝을 명

若 같을 약

觀 볼 관

火 불 화

明若觀火
명 약 관 화

한자 카드 만들기 　 민병어리 장갑

父 아버지(아비) 부	子 아들 자
有 있을 유	親 친할 친

父子有親
부　자　유　친

한자 카드 만들기 빨간 우체통

| 以 써 이 | 心 마음 심 |
| 傳 전할 전 | 心 마음 심 |

以心傳心
이 심 전 심

| 한자 카드 만들기 | 아버지의 달력 |

| 五 다섯 오 | 代 대신할 대 |
| 同 한가지 동 | 堂 집 당 |

五代同堂
오 대 동 당